조선의 포청천

오리 이원익 대감 하

21세기 공직자상을 위한 진정한 멘토

조선의 포청천
오리 이원익 대감 하

이우각 지음

P 프로방스

머리말

눈물과 한숨으로 쓴 나의 회고록을 마치며

첫째, 86년 이상을 살아온 조선시대 최장수 행운아의 한 사람으로 조선왕국을 새롭게 소개하고 싶었다. 특히, 조선왕국을 중심으로 내가 살던 한 시대를 조명하고 싶었다. 사대사상(事大思想)에 젖어 조선왕국을 '중국의 작은 제후국 정도'로 불러야 하는 시대적 굴레를 벗어나 국민의 눈으로 조선왕국을 당당히 내세우고 싶었다. 즉, 상국(上國)과 소방(小邦)으로 부르며 늘 '작은 나라, 작은 왕, 작은 신하, 작은 백성' 운운하는 것이 자랑스러운 조상들 앞에서 정말이지 너무도 부끄럽고 안타까웠다. 최소한 내 회고록 속에서만은 조선을 당당한 왕국으로, 조선의 신하들을 당당한 왕국의 관리들로, 조선 왕을 당당한 독립왕국의 임금으로 자리매김하고 싶었다.

둘째, 8년여의 공백 기간을 제외하면 22세 이후 86세까지 56년여 긴 긴 세월을 관직에 있었으니 개국 후 2백 년 뒤에 맞은 7년 왜란을 비롯하여 광해군의 부침, 그리고 능양군(綾陽君)의 반정과 이후의 호란까지의 그

엄청난 격동의 세월 속에서 국민과 관리와 왕이 과연 무엇을 했는지, 그리고 어떻게 해서 조선왕국을 지켜낼 수 있었는지를 최대한 객관적, 과학적으로 기록하여 후세에 전할 사명이 있다고 생각했다.

셋째, 무엇보다도 관리와 왕에 대한 기록은 넘쳐나지만 한문을 모르는 국민은 가장 중심에 머물며 항상 뿌리를 이루고 있음에도 불구하고 후세에 그 기록을 제대로 전할 길이 막막했으므로, 나라도 앞장서서 188년 전(1446)에 반포된 세종대왕의 훈민정음 즉 한글을 제대로 써서 조선왕국 일등국민의 생생한 삶의 발자취를 후세에 전하고 싶었다. 최소한 내 회고록 속에서만은 조선의 보통사람들이 주인공이 되게 하고 싶었고 최소한 내 회고록 속에서만은 조선의 마을과 거리, 조선의 들녘과 산하가 세상 제일의 금수강산(錦繡江山), 세상 유일의 예의지국(禮儀之國)으로 비쳐지게 하고 싶었다.

넷째, 고루하고 번잡하기까지 한 유교적 양반문화와 왕과 양반을 중심으로 한 차별적 신분제도가 지배하던 조선왕국에도 중국, 일본은 물론이고 멀리 떨어진 동남아, 인도 등지, 심지어 유럽에까지도 지적 호기심이 엄연히 존재했다는 사실을 후세에 꼭 전하고 싶었다.

다섯째, 언제나 자기가 사는 시대를 '현대'라고 부르듯 조선왕국의 지식인들 중에도 학문적으로나 종교적으로나 당대의 기준을 훌훌 벗어던지고 새로운 사상을 논하며 '한 번뿐인 생애를 최대한 초월적으로 살고자 했던' 이들이 의외로 많았다는 사실을 내 입으로 직접 증언하고 싶었다.

여섯째, 권선징악(勸善懲惡)적인 유교 정신에 기초한 역사 기록에서 벗어나 사색당쟁과 7년 왜란과 반정(反正)과 호란을 되도록 있는 그대로 후세에 전하여 진정한 온고지신(溫故知新)의 기풍을 진작하고 싶었다.

일곱째, 86년 이상 거의 90에 가까운 생애를 살면서도 미처 다 이루지 못한 일들을 비록 회고록 형태로지만 먼 후일 꼭 세상에 드러나, 나와 함께 했던 조선왕국의 동시대인들의 생각과 삶과 꿈을 손바닥을 보이듯 생생하게 보여주고 싶었다.

갑술년(1634년) 정월 대보름 임인(壬寅) 일
삼천리 방방곡곡을 넘어 천하 두루두루 입춘대길(立春大吉)을 기원하며
오리(梧里) 이원익(李元翼) 씀

오리 이원익 대감의 회고록을 끝내며

　　　　　　우리의 지난 역사에 '이토록 완벽한 인물이 과연 있었을까?' 아무리 자문자답해도 답은 오직 하나 — 바로 이원익이었다. 칼끝으로 후벼 파듯 써내려간 조선의 역사 그 어디에서도 이원익을 비판하거나 폄하하는 말을 찾기 어려웠다. 처음에는 '권력만 좇은 전형적인 고관대작'으로 오해했지만 실록의 구석구석을 살피며 절로 감탄하고 탄복했다.

　우리가 아는 그 많은 영웅호걸들이 모두 공과가 엇갈리고 호, 불호가 뒤섞여 있기 마련인데 이원익만은 전혀 달랐다. '하늘을 우러러 한 점 부끄러울 게 없다.'는 말에 딱 들어맞는 사람이었다. 나는 그의 절절한 공인 정신에 감격했다. 목숨을 걸고 바른 말을 하는 그의 대단한 기개에 절로 머리가 숙여졌다.

　당파 짓기가 그렇게 성했는데도 당리당략으로 판단이 흐려진 일이 없다. 왜란, 호란, 정변, 역모, 무고, 변란이 끊임없이 이어지는 그 무서운 소용돌이 속에서도 이원익은 타고난 천성 하나, 배워 깨우친 도리 하나로 무난히 버티고 무사히 넘겼다. 꾀도 쓸 줄 모르고 거짓말을 할 줄도 몰랐다.

대개는 입신양명이 길면 욕이 되고 수명이 길면 폐가 되는 법인데, 이원익의 다섯 차례 영의정 역임, 이원익의 87년 천수에는 그 어디에도 욕이나 폐가 될 만한 게 없었다. 정말, 정말 대단하고 위대한 인물이었다.

나는 정말 하늘을 우러러 한 점 거리낄 것 없이 이원익을 조선왕국의 으뜸 영웅, 조선왕국 백성들의 으뜸 스타, 조선왕국 관료들의 으뜸 길잡이로 내세우고 싶다. 전국 곳곳에 이원익에 관한 전설이 서려 있다. 민심이 곧 천심이라서 백성은 언제나 만나지 못하고 보지 못해도, 누가 위대하고 누가 훌륭한지 속속들이 꿰뚫어, 산과 들, 고개와 산, 골짜기와 마을에 무수한 신화와 전설을 새겨 기리고 꽂아 기리고 흩날려 기리고 숨겨 기렸다.

아아, 왜 지금은 이원익 같은 진정한 풋대, 참 스타, 빛다운 길잡이가 없는가! 아아, 우리에게는 왜 여태 이원익의 닮은꼴, 이원익의 분신, 이원익의 그림자 정도라도 되는 걸출한 인물이 그리도 없는가!

나는 나날이 외로워지고 쓸쓸해지는 우리 국민을 위해 이원익을 소개한다. 나는 나날이 헐레벌떡거리고 허겁지겁 서두르는 우리 관료들을 위해 이원익을 소개한다. 나는 나날이 쥐꼬리만 한 거짓말을 키워 기린의 목만큼 늘이고 코끼리의 다리만큼 불리는 중앙과 지방의 목민관들을 위해 이원익을 소개한다.

나는 희망의 새싹들인 청소년들, 젊은이들을 위해 이원익을 특별히 높이고 싶다. 나는 어수선한 환경에서도 스스로 바로 살고 바로 서려 애쓰는 이 시대의 청장년층을 위해 이원익을 특별히 내세우고 싶다. 그리고 마지막으로 나는 아무것도 해 줄 것 없는 나라를 위해 그래도 아침 저녁으로 하늘에 빌고 강과 산의 신명에게 비는 나와 같은 노년층을 위해 특별히 이원익이란 이름 석 자를 목청껏 외치고 싶다.

이원익을 통해 새로운 희망을 찾아보게 하고 싶다. 이원익의 발자취를 통해 참 희생, 참 헌신, 참 애국애족, 참 삶을 뒤밟게 하고 싶다.

이원익의 '비우고 또 비우는 그 끊임없는 비우기'를 통해 이 시대가 해 줄 수 없는 것을 일찌감치 포기하고 체념하고 용서하고 망각하기를 바라기 때문이다. 사랑하는 이들을 위해 한 뼘 땅을 비워주는 '빈 의자로 돌아가기'를 모두가 스스로 속히 배우기를 바라기 때문이다. 하늘은 긴 생애를 주어 '비우고 떠나는 연습에 열중하도록' 했다. 하늘은 멀고 가까운 곳의 비극을 통해 각자 알아서 '물러서는 지혜, 물려주는 지혜, 물러나는 지혜'를 깨닫게 했다.

　이제 이원익을 통해 배우는 것이 끝이다. 이것이 마지막 교과서, 마지막 스승, 마지막 빛, 마지막 호루라기소리다. 수많은 멋쟁이 조상들이 있었다는 것, 헤아릴 수 없이 많은 번뜩이는 천재, 신비로운 기인, 보고 또 보아도 알쏭달쏭하기만 한 이인들이 있었다는 것을 — 이제 이원익을 통해 마지막으로 샅샅이 들여다보아야 한다. 자랑스러운 우리 역사였다. 눈부신 우리 조상들이었다. 아름다운 우리 산하였다. 기적과 축복으로 가득한 바로 우리 자신들의 자화상이었다.

2010년 초여름
지은이 이우각 씀

차 례

머리말

01
조선왕국과 나의 50대 ▪ 14

02
조선왕국과 나의 60대 ▪ 66

03
조선왕국과 나의 70대 ▪ 116

04
조선왕국과 나의 80대 ▪ 212

01

조선왕국과 나의 50대

01 조선왕국과 나의 50대

내 나이 오십이 되는 정유년(1597년)은 자못 험악하게 시작되었다.

정월 들어 왜장들의 협박대로 15만이 넘는 대군이 다시 침략했다.

가등청정의 대군이 두모포, 서생포, 죽도 등에 다시 들어갔다고 했다.

나는 부체찰사 한효순을 통제사 이순신에게 보내 적극 도우라고 했다.

조선은 권협(權悏)을 명나라에 보내 '사태가 위급하니 속히 원군을 보내 달라.'고 요청했다.

병부시랑 이정(李楨)에게 조선의 산천 형세와 원근을 도면에 그려가며 설명하여 보병과 수군을 얻고 군량을 조달하게 했다.

44세의 나이에 위급한 나라를 구하기 위해 임기응변에 그치기 쉬운 상황에서도 타고난 지략을 아낌없이 발휘한 것이다.

나는 청야방책을 외면한 채 산 속으로 도망치는 자가 있다면 왜적과 내통할 자로 여겨 목을 베고 난 후 보고하라고 시달했다.

관아를 성 안으로 옮기고 천막을 많이 쳐서 성 안에서 살도록 하는데도 산 속으로 도망치는 자들이 있다고 했다.

권율과 협의하여 전라도 군사 만여 명을 광양 현감을 장수로 삼아 경상도로 돌리게 했다.

15세 이상 60세 이하의 남자들은 신분을 가리지 말고 장부에 올려 군역, 부역에 충원하도록 했다.

활과 화살은 각자 준비하고 조총과 화약은 관에서 나눠주기로 했다.

훈련하며 방비하다가 체찰부의 명령에 따라 즉시 진격하게 했다.

밀양과 구례에서 난리를 틈타 못된 일이 생겨 군율로 다스렸다.

이대천(李大川)과 성진실(成眞實)이 '김덕령 장군' 운운하며 의병을 모집한다고 하여 처음에는 격려해 주었는데 곧 음흉한 수작임이 드러나 엄벌에 처했다.

한심하고 원통한 일이 생겼다.

간교한 술수에 능한 소서행장이 제 심복 요시라(要時羅)를 앞세워 이간질을 시작했다.

'가등청정과 소서행장이 견원지간이다.'라는 식의 소문이 널리 퍼져 있는 것을 이용하기로 한 것이다.

요시라를 경상우병사 김응서(후에 김경서로 개명)에게 드나들게 하여 '가등청정이 언제 어디로 오는데 조선 수군이 기습하면 생포하거나 죽일 수 있다.'고 귀뜸한 것이다.

이견이나 불화야 어디든 있는 일인데 김응서는 그 말을 철석같이 믿고 무슨 굉장한 기밀이라도 캔 양 도원수 권율과 한성 조정에 긴급하게 알렸다.

중앙에서는 윤근수가 이를 믿고 '통제사 이순신은 무슨 꿍꿍이속으로 귀중한 첩보를 외면한 채 출병하지 않느냐?'고 공격했다.

임금은 그래도 신중해야 한다며 소서행장과 가등청정을 두루 잘 아는 황신에게 물었다.

황신이 '적이 아무려면 유리한 정보를 주겠느냐?'고 했지만 유성룡은 황신으로 하여금 직접 조사하게 했다.

통제사 이순신은 '잠복했다가 많이 거느리고 나가면 숨을 테고 적게 거느리고 나가면 습격할 것이 틀림없다.'고 했단다.

그 뒤 요시라는 다시 김응서를 만나 '왜 알려주었는데도 공격 안하고 절호의 기회를 놓쳤느냐?'고 했단다.

박성(朴惺)을 비롯하여 '이순신을 목 베라.'는 상소가 잇달자 임금은 통제사 이순신을 한성으로 압송하게 하고 대신 전라 병사 원균을 제 2대 통제사에 앉혔다.

나주 목사 이복남이 전라 병사로 옮겼다.

조사를 나온 남이신(南以信)은 '가등청정이 7일 동안 작은 섬에 머물렀으므로 공격했다면 잡았을 것'이라고 보고했다.

2월 말에 이순신이 한성으로 압송되자 다들 동요했다.

'목숨 지켜줄 통제사가 죽게 됐는데 어떻게 생업에 종사하느냐?'며 크게 동요하고 있다는 말이 사방에서 들려 괴롭기 한이 없었다.

나는 처음부터 소서행장을 비롯한 왜인들의 수작을 잘 알기에 김응서가 사사로이 응대하는 것을 권율이 그냥 놓아두는 것부터 탄식했다.

왜적의 간계이니 사실은 진위를 굳이 캘 필요조차 없는 일인데도 위아래가 온통 야단이 나서 결국 이순신이 죽게 생긴 것이다.

나는 그가 아산에 내려와 3년 시묘를 할 때 오래 교류했기에 한 걸음에 달려가 '난리 만난 나라와 백성을 생각해서라도 꼭 살아 돌아와 소임을 다해야 한다.'고 했다.

그는 그저 담담히 '모든 건 하늘에 달려 있지 않으냐?'고 했다.

백성들이 길 양편에 늘어서서 소리 내어 울며 뒤따르고 무거운 술병을 들고 뒤쫓는 것이 마치 부모를 멀리 보내야 하는 어린 자녀들 같았다.

보이지 않을 때까지 사라지는 모습을 보며 '하늘도 참 무심하다.'는 말을 정말, 정말 실감했다.

나도 모르게 돌아서며 '하늘도 참 무심하시지!'란 말을 수도 없이 뇌었다.

큰 걱정이 생긴 마당이라 온 신경을 한성으로 두고 지냈다.

다행히 판중추부사 정탁이 발 벗고 나서서 '전공 세워 나라 구하게 살려야 한다.'고 하여 백의종군하게 되었다고 했다.

임금은 '이순신은 공과(功過)가 똑같으니 놓아주라.'고 했다.

이순신의 노모가 아들을 만난다며 배를 타고 서두르다가 배 안에서 숨이 넘어갔다는 비보에 다시 한 번 가슴을 쳤다.

사람을 시켜 뒷바라지하게 하고 백의종군하는 이순신을 기다렸다.

사필귀정으로 흑막은 가려졌지만 전쟁 중인 장수를 적의 간계에 속아 죽이려 했다는 것은 두고두고 치욕이 될 것이 확실했다.

이순신을 두려워한 가등청정이 소서행장을 시켜 거짓 정보를 주게 했다는 것이 백일하에 드러났다.

백성들은 '서인은 원균 편을 들고 동인은 이순신 편을 들었다.'며 난리 중인데도 당파 싸움이냐고 모이기만 하면 한성 쪽을 향해 한 마디씩 했다.

심유경은 오도 가도 못하게 된 형편이라 한성으로 달려가더니 다시 남원을 거쳐 의령으로 향했다고 했다.

그래도 명나라 신세를 지는 마당이라 이광정, 박홍로가 접반사로 동행하다 곧 이광정을 대신하여 황신이 맡았다.

심유경은 염치가 없었던지 소서행장을 만나 '다시 군대를 동원하면 안 된다.'고 했지만 소서행장은 '가등청정이 말을 안 들어 전쟁이 다시 난 것'이라며 음흉하게도 발뺌하더란다.

전쟁을 일으켜 세상을 뒤엎고 피바람을 일으키고도 한낱 필부, 소인배처럼 말도 안 되는 말을 늘어놓으며 발뺌이나 하다니…

귀를 씻고 싶어도 하등 소용이 없기에 그저 이를 갈며 속만 태웠다.

임금의 교서가 내렸다.

'나라가 위급하니 충효의 마음으로 굳게 버텨 달라.'며 '와신상담으로 윗사람의 도리를 다하고 있다.'고 했다.

3만도 채 안 되는 병력이지만 대구는 권율, 경주는 권응수(權應銖), 창녕은 곽재우, 나주는 이복남, 추풍령은 이시언(李時言)으로 지키게 했다.

명나라 원군이 압록강을 건넜다.

형개를 총독으로, 양호를 경리로, 마귀를 제독으로 하여 5만 5천 대군이 서둘러 남하 중이라고 했다.

어사 진효(陳效)와 함께 명나라 황제의 칙서가 도착했다.

'재침을 받아 도움을 청하기에 소국을 사랑하는 인(仁)과 환란을 구해주는 의(義)로써 동정군(東征軍)을 보내니 하늘의 버림을 받아 후회를 남기지 마라.'며 어사를 통해 보검을 군문에 보내 '군율을 어긴 자는 먼저 목 베고 뒤에 알리게 할 것'이라고 했다.

나는 권율과 함께 영천에 머물며 진주성 방비를 강화하게 했다.

한데 기가 막힌 장면을 자주 목격하게 되었다.

가뭄이라 농사짓기가 쉽지 않았지만 다들 손을 놓고 술과 고기로 흥청망청하고 있었다.

엄히 다스리려 다가가니 '가등청정이 대군을 끌고 와 다시 싸우자는 판에 무슨 농사냐?'고 술주정했다.

직접 눈으로 보았으니 그대로 둘 수 없다며 일단 그만두게 했지만 어딜 가나 그런 한심한 일들이 벌어지고 있다고 했다.

나는 갑오년(1594년)에 가등청정을 수시로 만나 정탐을 했던 53세 승장 유정(惟政)을 다시 적진에 들여보내 정탐하게 했다.

그는 왜장의 군영을 방문하여 아예 며칠 묵으면서 적의 동태를 소상히 파악했다.

4월 2일부터 적진을 드나들며 정탐하더니 4월 13일에 왜국의 재침 목적과 왜적 토벌 전략까지 소상히 글로 적어 조정에 올렸다.

그는 '포로로 잡혀간 수천, 수만의 생목숨을 구해 오는 것이 중요하다.'고 누누이 내게 말했다.

그는 이미 대학자 수준이었다.

박순(朴淳), 임제(林悌), 노수신(盧守愼)으로부터 학문을 착실히 배웠고 24세 연상인 휴정(休靜)으로부터 불교에 대한 모든 지식을 배워 이미 세상사, 인생사에 막힘이 전혀 없었다.

기축년(1589년) 정여립의 모반사건에 스승 휴정과 함께 연루되어 옥살이 했지만 강릉 유생들의 탄원으로 스승과 같이 풀려났다.

승려의 구명에, 그것도 모반사건에 연루된 승려의 구명에 유생들이 발 벗고 나섰던 것이다.

그가 금강산 일대의 마을들을 구출한 뒤 평안도 순안으로 달려왔을 때부터 나는 그와 거의 함께 있었다.

특히 이여송의 명나라군과 김명원의 조선군이 연합하여 평양성을 탈환할 때 그는 승병을 이끌고 깊은 산중 백호처럼 늠름하고 당당하게 앞장섰다.

그가 승병을 이끌고 앞장서서 왜적을 무찌르는 모습은 마치 천상의 부처가 잠시 지상으로 내려와 군사로 변신한 제자들을 거느리고 흉포한 악귀 무리를 물리치는 모습 같았다.

선과 악이 그처럼 극명하게 대비될 수 없었다.

군량 조달을 위해 충청, 전라를 돌아본 호조판서 김수는 '어려운 줄 알고 내려왔지만 돌아보니 충청도가 가장 어렵다.'고 했다.

'가등청정이란 이름만 들어도 경끼를 할 정도인데다 군대들이 시도 때도 없이 오고가니 농사나 장사를 아예 접고 한탄이나 하고 있더라.'고 했다.

명나라 대군 선봉장 양원(楊元)의 3천 군사가 한성에 도착하여 한성 좌윤 민준(閔濬)과 예조 참판 정기원(鄭期遠)이 접반사로 나섰다고 했다.

나는 이순신은 없지만 원균이 대신 맡아 애를 쓰고 있으니 한산도로 가서 군인들에게 술과 고기를 대접하여 사기를 북돋우고 도울 일을 찾아 하라고 했다.

권율은 진주와 순천을 오가며 방비 태세를 감독하기에 여념이 없었다.

병부시랑 손헌(孫憲)이 '심유경을 목 베어 죽여야 내가 조선에 나갈 수 있다.'며 군량 조달은 물론이고 심유경이 왜인들과 내통하는 것을 조사하게 사람을 보냈다.

놀란 심유경은 나를 남원으로 먼저 부르더니 뒤이어 부체찰사, 도원수, 감사, 병사를 모두 불렀다.

손헌이 보낸 조사관에게 줄 사유서를 채우기 위한 사전 정지작업이
었다.

나를 비롯하여 다들 묵묵부답이라 심유경은 눈치만 슬슬 살피며 장황
하게 제 이야기만 늘어놓았다.

나와 권율은 바쁘다며 일어나 전라도의 여유 병력을 진주성으로 보
냈다.

명나라군 선봉장 양원이 남원에 본진을 세우겠다고 하자 임현(任鉉)을
남원 부사로 정했다.

제독 마귀가 장수들과 군대를 이끌고 한성에 이르러 이조판서 장운익
(張雲翼)이 접반사로 나섰다고 했다.

오고가며 알아보니 명나라군의 군량을 대는 일이 워낙 시급하고 막중
하다 보니 '곡식과 벼슬을 맞바꾸는 일'이 생겼다고 했다.

'가선대부(종2품), 통정대부(정3품)가 길에 늘어섰고 들어보지 못한 세목
이 눈덩이처럼 불어나고 있다.'는 말이 여기저기서 들렸다.

평시 같으면 벼락을 칠 일이지만 호조에서 돌아다니며 각 고을 관청
곳간을 봉인하고 그저 군량 대기에 정신이 없는 판이라 자칫 시비가 될
것 같아 우선 급한 대로 탐문만 했다.

총병 양원의 중군장 이신방(李新芳)이 접반사 정기원과 함께 군사 2천을
거느리고 먼저 남원에 도착하여 성을 높이고 흙벽을 쌓는 일에 매달렸다.

기한을 정하고 주야로 쉴 틈 없이 임했다.

양원은 6월에 전주를 거쳐 남원에 도착했다.

양원이 심유경을 불러 의령에 주둔한 소서행장을 만나 강화도 추진하고 정탐도 하라고 시켜 보냈으나, 곧 이어 병부시랑 손헌(孫憲)이 보낸 자가 의령으로 달려가 심유경을 붙잡아 남원으로 돌아왔다.

양원은 병부시랑 손헌이 보낸 자와 같이 심유경을 한성으로 압송했다.

제독 마귀(麻貴)는 유격 진우충(陳愚衷)으로 하여금 2천 명을 거느리고 진주성 방어를 강화하여 전라도를 지키게 했다.

나는 전라도 향병을 복수병(復讐兵)으로 이름 붙여 전라 수사 김순명(金順命)에게 맡겨 담양의 금성산성을 지키게 했다.

소서행장이 심복 요시라(要時羅)를 김응서에게 보내 또 다시 간계를 꾸민다는 말이 들렸다.

태풍으로 원균의 수군이 나서지 못하는 사이 손쉽게 부산에 들어온 왜선들은 이순신이 없는 틈을 이용해 제해권을 단번에 거머쥐려 했다.

왜선 수백 척이 웅천으로 향한다고 하자 원균은 한산도 본영에서 경상우수사 배설에게 급습하도록 시켰지만 결과는 참패였다.

60세 권율은 57세 원균을 불러다 곤장을 쳐서 돌려보냈다.

원균은 설욕전을 위해 160여 척을 이끌고 부산으로 향했지만 미리 대비하고 있던 왜적에게 일방적으로 당하고 말았다.

가덕도를 거쳐 거제도로 후퇴했지만 복병전에 당해 다시 칠천량 포구 안으로 들어갔다가 왜적의 수륙양면작전에 휘말려 원균 자신은 물론이고 전라우수사 이억기(李億祺), 충청 수사 최호(崔湖) 등이 전사했다.

이로써 3도 수군이 무너져 바다가 열림으로써 진주, 남원마저 위험에 빠지게 되었다.

놀란 조정은 백의종군 중인 이순신을 다시 통제사에 임명하여 원균이 남긴 참패를 수습하게 했다.

충청 수사, 전라우수사에 각각 권준(權俊), 김억추(金億秋)가 임명되었다.

사람들은 요시라의 간계가 김응서를 통해 권율에게 이르러 지난 번에 이순신이 겪은 일과 비슷하게 원균이 권율의 독촉을 받게 되었다고 했다.

사실이 어떠하든 발 없는 소문이 퍼지는 데는 속수무책이기 마련이다.

사람들마다 토막을 이어 모양을 그려보려 하기에 자연히 헛말도 생기고 뜬소문도 퍼지게 되어 있다.

통제사 이순신은 진도 벽파정으로 가서 경상우수사 배설을 만났다.

경상우수사 배설은 겨우 12척으로 바다를 가득 메운 왜선들을 피해 진도에 머물러 있었다.

왜적은 남해, 사천, 고성, 하동, 광양, 구례를 차례로 점령한 뒤 일제히 남원으로 몰려들었다.

5만이 넘는 대군이었다.

조명연합군은 겨우 4천여 명이었다.

나흘간의 혈투에서 전라 병사 이복남(李福男), 명나라 장수 이신방(李新芳) 등 수많은 수령, 장수들이 죽고 결국 전략적 요충지 남원성을 내주고 말았다.

나는 내가 곤장을 쳐 죄를 다스린 일이 있는 이복남이 남원성에서 장렬히 전사했다는 비보를 접하고 한동안 말을 잊었다.

전쟁 중이라 군율이 앞서다 보니 일벌백계로 다스렸지만 마음 속에 육중한 쇳덩이를 달고 다니는 듯 늘 부담이 되었다.

나는 명복을 빌며 그의 혁혁한 전공을 상세히 기록하여 보고했다.

명나라 장수 양원은 목숨을 보전했다.

전주성을 지키던 명나라 장수 진우충(陳愚衷)은 남원성이 넘어갔다는 말에 화들짝 놀라 성을 버려 왜적이 완전 무혈 입성했다.

왜적은 전주성에 집결한 뒤 두 편으로 갈라져 좌군은 남하하며 도륙하고 우군은 충청도로 북진하며 유린했다.

9월 들어 권율, 이시언의 조선군과 해생(解生)의 명나라군이 연합하여 충청도 직산에서 크게 승리함으로써 왜적은 한성 진격을 포기하고 남하했다.

소서행장은 순천으로, 가등청정은 울산으로 후퇴했다.

두 달 뒤 명나라 장수 형개(邢玠)가 4만의 군사를 세 갈래로 재편하자 조선군도 이시언(李時言), 성윤문(成允文), 정기룡(鄭起龍)이 각각 1개 영(營)씩 지휘하며 남하했다.

이순신이 8개월여 비운 사이 온통 왜선들로 뒤덮이고만 남해도 8월부터 통제사 이순신이 다시 나타나자 서서히 제해권이 조선 수군으로 넘어오기 시작했다.

통제사를 다시 맡은 지 한 달여 만에 명량해전에서 겨우 10여 척의 보

25

잘것없는 선단으로 3백여 척의 왜적을 기적적으로 물리쳤다.

이로써 조선의 바다는 다시 통제사 이순신의 손아귀 속에 들어왔다.

나는 하늘을 향해, 천지신명을 향해, 잘 싸워준 수군을 위해, 억울하고 분한 것을 다 삭히고 다시 앞장서서 전세를 역전시킨 이순신을 향해, 그리고 정화수 떠놓고 조상과 하늘에 나라의 안전을 빌어준 백성들을 향해 고마워하고 또 고마워했다.

육지의 왜적은 겨울을 앞두고 모두 남해안에 모여 주둔했다.

조명연합군 5만여 명은 가등청정의 1만 6천여 명이 있는 울산 도산성(島山城)을 목표로 남진하며 경상우수사 35세 재령 이씨 이운룡(李雲龍)으로 서생포 왜성을 견제하게 했다.

경주를 거쳐 울산에 이른 조명연합군은 연말을 코앞에 둔 시기에 공격을 퍼붓기 시작했다.

경리 양호, 제독 마귀가 이끄는 4만 명군의 선봉장은 파새(擺賽)가 맡았다.

도원수 권율이 이끄는 1만여 조선군의 선봉장은 경상좌병사 고언백(高彦伯)과 경상우병사 정기룡(鄭起龍)이 맡았다.

조명연합군은 포위한 채 공격하며 항복을 요구하고 가등청정은 구원병을 기다리며 시간을 끌어 해를 넘겼다.

결국 서생포 등지의 왜적이 합세하는 통에 열흘을 넘겨 공격을 퍼부었지만 함락에는 실패했다.

나는 12월 1일 윤두수와 함께 접반사로 의주로 나가 요동에서 오는 병부상서 겸 동정군 총독 형개(邢玠)를 맞았다.

윤근수는 나보다 14년이나 연상인 64세의 고령인데도 아주 정정하여 보기 좋았다.

나라가 벼랑 끝에 매달려 있으니 남녀노소, 빈부귀천의 구별은 잠시 접어두고 오로지 나라 구하는 한 가지 일에 매달릴 수밖에 없었다.

빼앗긴 산하, 무너진 강토, 불탄 종묘사직 앞에서는 노소가 따로 없었다.

무술년(1598년) 정월은 그렇게 천지를 진동하는 피비린내와 단말마(斷末魔)로 시작했다.

경상도에서는 경상우병사 정기룡이 동에 번쩍 서에 번쩍했다.

경상좌도 방어사 45세 곽재우는 현풍의 석문산성(石門山城)을 신축하기도 전에 왜적이 다시 밀어닥치자 창녕의 화왕산성(火旺山城)으로 옮겨 성을 지켰다.

명나라 유격 모국기(茅國器)는 경상우병사 정기룡과 행동을 같이 했다.

전라도에서는 전라병사 이광악이 왜적이 미동만 해도 즉시 달려가 공격했다.

해를 바꾸며 싸웠던 울산 도산성 전투의 피 비린내와 절규가 두 사람의 혼과 육을 절대 가만히 놓아두지 않은 것이다.

환갑 넘은 권율은 노구를 이끌고 다시 전면에 나섰다.

왜적의 북진을 막기 위해 명나라 제독 마귀(麻貴)와 울산을 지켰으나 도어사 양호(楊鎬)의 돌연한 퇴각령으로 철수했다.
　순천 예교(曳橋)에 주둔한 왜적을 공격하려 하자 전쟁의 확대를 꺼리던 명나라 장수들의 비협조로 실패했다.

　명나라 병부 주사(主事) 정응태(鄭應泰)가 2월에 한성에 왔다.
　해를 넘기며 싸웠지만 탈환에 실패한 울산 도산성 전투 조사 임무를 띠고 온 것이다.
　정응태는 '경리 양호(楊鎬)가 패전이 분명한 전투 결과를 놓고 승전으로 허위 보고했다.'고 탄핵하는 글을 명나라 조정에 올렸다.
　임금은 7월 중순 '명나라에 가서 양호를 변호해 줄 사람을 정하라.'고 했다.
　나는 4월 하순에 이덕형이 우의정에 임명될 때 좌의정이 된 마당이라, 영의정 유성룡에게 '나를 보내 달라.'고 자원했다.
　임금이나 유성룡은 '남쪽에서 전쟁을 치르고 온 마당에 어떻게 또 그 먼 길을 다녀오려 하느냐?'고 했다.
　명나라 총병 오유충(吳惟忠) 등이 나서서 해명해도 소득이 없자 임금이나 유성룡은 '명나라 황제와 명 조정을 설득할만한 비중 있는 사람'을 찾고 있었다.
　경리 양호가 파직되고 만세덕(萬世德)이 대신하게 되었다.
　그래서 '내가 적임자인지는 모르나 나라의 존망이 걸린 중대 사안이니 반드시 소임을 다하고 오겠다.'고 했다.

나는 8월 초에 출발하여 이듬해 정월 초에 돌아왔다.

임금은 내가 명나라에 가 있는 동안인 10월 초에 나를 좌의정에서 영의정으로 고쳐 임명했다.

이덕형은 좌의정, 이항복은 우의정에 임명했다.

한데 정응태는 '조선이 진주사까지 보내 양호를 변호했다.'는데 앙심을 품고 '조선은 오랫동안 왜국과 가까이 지낸 사이로 조선의 속셈은 왜국과 연합하여 명나라를 침략하는 것'이라며 신숙주의 〈해동제국기〉에 나오는 삼포 왜관을 역모의 증거로 제시했다.

만일 정응태의 무고가 먹힌다면 명나라 원군이 돌아가게 되고 그 틈을 노려 남쪽에 구름떼처럼 몰려와 있는 왜적은 조선왕국을 다시 넘보게 될 것이 명약관화했다.

총병 유정(劉綎)의 만 3천여 군사와 제독 진린(陳璘)의 5천여 군사가 착착 도착한 상황이어서 전세가 유리해지고 있는 판에 뜻밖의 횡액(橫厄)이 생긴 것이다.

나라의 존망이 걸린 중대 사태였다.

임금은 9월 초에 이정구(李廷龜)로 하여금 '조선왕국변무주문(朝鮮國辨誣奏文)'을 쓰게 한 뒤 이항복, 이정구, 황여일을 진주사로 보냈다.

'통신사를 보낸 일과 삼포 왜관을 허락한 일'을 잘 설명하자 정응태는 결국 파직되었다.

다들 천우신조(天佑神助)요 사필귀정(事必歸正)이라고 했다.

무술년(1598년) 8월에 들어서자 '풍신수길이 죽었다.'는 말이 들렸다.

전라 병사 이광악으로부터 '풍신수길이 죽었다며 벌교 등지의 왜적이 이동 중'이라는 보고가 중앙에 도달했다.

8월 20일에는 통제사 이순신이 '풍신수길이 죽었다며 왜적이 철수 중'이라고 보고했다.

명나라 제독 진린(陳璘)은 이미 8월부터 이순신과 협공작전을 펴고 있었다.

이순신은 '제독 진린이 작전을 통제하고 있다.'며 진린과의 연합작전이 쉽지 않음을 중앙에 보고했다.

당시 나는 좌의정이 되어 중앙에 올라와 있어도 마음은 도체찰사로 동분서주하던 남쪽에 쏠려 있었다.

자연히 조선의 바다를 든든히 지켜주는 통제사 이순신을 늘 마음 속에 두고 있었다.

한데 내가 정응태의 무고로 파직된 경리 양호를 변호하기 위해 진주변무사로 명나라에 가 있는 동안에 너무도 참담한 일이 생기고 말았다.

나는 '통제사 이순신이 전사했다.'는 비보를 접하고 통곡했다.

하늘이 무너지고 땅이 꺼지는 것 같았다.

왜란이 일어나기 1년여 전에 전라좌수사가 되어 바다를 지키다가 계사년(1593년) 8월에 통제사 제도가 생기자 이순신은 초대 통제사가 되었다.

임진년(1592년) 5월 초부터 바다를 넘보는 왜적을 격퇴하기 시작하며 왜적의 간담을 서늘케 했지만 그 눈부신 전공에도 불구하고 정유년(1597년)

2월에 죄인이 되고 말았었다.

그래도 선악을 분명히 가려주는 천지신명이 있어 5개월여 만에 제 자리로 돌아와 겨우 10여 척 남짓한 전선으로 다시 제해권을 뺏어 왔다.

나는 정해년(1587년) 10월에 이어 꼭 10년 만에 다시 백의종군했던 이순신을 생각하며 다시 한 번 가슴을 쳤다.

이덕형, 이순신과 가까이 지낸 의병장 고상안(高尙顏)은 8년 연상인 이순신을 두고 '유비의 건국을 못 본 채 죽은 관우 같은 운세'라고 했다.

나는 '마음 속에 품어두면 영원히 산다.'는 말을 떠올리며, 존망의 위기에 놓인 나라를 구한 영웅으로 마음 속에 고이 간직하기로 했다.

기해년(1599년)은 길바닥에서 맞았다.

요동에서 압록강으로 향하며 연말과 새해를 함께 맞았다.

7년 대전란이 어느 정도 수습되어 겨우 주위를 돌아보게 되었지만, 의주에 들어서며 전쟁의 상처가 얼마나 참혹한지 뼈저리게 확인, 또 확인했다.

평안도에 들어서니 긴 나들이로 인한 가시들이 한꺼번에 빠지는 듯했다.

"아아, 이 착한 백성들이 어쩌다 섬나라 이민족에게 그토록 오래 짓밟혔더란 말인가! 아하, 어쩌다 이 순한 백성들이 원군으로 온 이민족과 침략군으로 온 이민족으로 인해 그렇게 몽땅 뺏기고 밟히고 피 흘려야 했단 말인가!"

탄식이 절로 나와 견딜 수가 없었다.

'영상 대감 오셨다. 영상 대감 오셨다.'며 다들 달려 나와 반기는 것조차 내게는 참을 수 없는 슬픔이요 설움으로 다가왔다.

손을 붙잡아주고 등을 쓰다듬어주고 일으켜 세워주며 목구멍 가득히 통곡이 넘나들어 정신마저 아뜩했다.

천심인 민심, 하늘이고 땅인 백성을 우러르고 섬기지 않으면 하늘이 반드시 참혹한 징벌을 내린다는 사실을 마음 깊이 새기며 한성으로 향했다.

명나라에 가 있는 동안에 영의정에 앉게 되었으니 남들이야 영광이라 하겠지만 나는 솔직히 '한 일 없이 벼슬만 높아가는 것 같아' 착잡했다.

임금에게 새해 인사와 더불어 양호를 무고한 정응태가 제 발등을 제 손으로 찍게 되었다고 보고했다.

지난 해 11월 이후 탄핵 당하고 있는 유성룡을 위로하고 변호했다.

'정응태가 임금을 참소하고 조선왕국을 능멸하는데도 냉큼 명나라에 달려가 해명하지 않았다.'며 내가 명나라에 가 있는 동안 내내 유성룡을 탄핵했다.

물론 유성룡은 이전부터 물러나겠다고 수도 없이 밝혔지만 그 많은 탄핵이 빗발처럼 쏟아져도 임금은 미동도 안 한 채 유성룡을 지켜주다 결국 하는 수 없이 나를 영의정에 앉힌 것이다.

하나 파직을 요구하던 관료들은 이제 삭탈관작을 요구했다.

나는 '명나라에서 파악한 실상'이 '조선에서 피상적으로 아는 것과 전적으로 다르다.'며 조목조목 사례를 들어 유성룡을 적극 변호했다.

한데 불똥이 이상하게 튀어 5월부터는 북인을 중심으로 '화의를 주장한 죄'를 들먹이며 유성룡과 나를 싸잡아 탄핵했다.

'공론을 무시한 채 한사코 유성룡을 두둔하며 심지어는 유성룡이 물러나야 한다면 임금을 다시는 보지 않겠다고 했다.'며 나를 집중적으로 탄핵했다.

나는 하루도 거르지 않고 사직을 요청하여 18번째 사직서가 마침내 받아들여져 5월 26일 중책을 벗었다.

임금은 이튿날 나를 중추부판사로 다시 불렀다.

북인의 영수에서 대북파의 영수로 변신한 한산 이씨 이산해(李山海)가 영의정이 되었다.

나보다 8년 연상인데 당쟁의 한가운데 있다 보니 풍파가 심했다.

임진년에 왜란이 터지자 개성에서 '왜적의 침략을 방치했다.'하여 백의(白衣)가 되었다가 평양에서 다시 평해(平海)로 유배를 떠나야 했었다.

을미년(1595년)에 다시 관직에 나서서 4년 뒤 영의정에 오른 것이다.

6월에는 명나라 병부 주사 정응태가 '조선과 왜국이 연합하여 명나라를 치려했다.'며 그 증빙자료로 들먹였던 신숙주 〈해동제국기〉가 다시 소동을 피웠다.

'누가 그 책을 정응태에게 갖다 바쳐서 임금과 나라가 존망의 위기에 놓이게 했느냐?'며 역적 찾기에 부심했다.

결국 내막을 전혀 알 수 없자 정응태 접반사로서 정응태의 오해와 무고를 스스로 풀어보고자 최선을 다했던 백유함(白惟咸)을 심문했지만 죄 대신 공로만 찾고 끝났다.

'조선이 한낱 왕국에 불과한데, 황제만이 사용할 수 있는 묘호(廟號)를 사용하고 있는 것 자체가 황제를 능멸하는 일이 아니냐?'는 정응태의 생트집에 대해 '조선왕국 왕의 묘호는 국초부터 당당히 사용하여온 것'임을 분명히 밝혔다는 사실만 드러났던 것이다.

7월 7일 이항복의 장인인 도원수 권율이 세상을 하직했다는 비보를 접했다.

마흔 중반에 늦게 공직에 나섰어도 55세에 만난 대전란으로부터 나라와 백성을 구하기 위해 62세를 일기로 그 위대한 생애를 마치기까지 정말, 정말 지성을 다했다.

그의 지성에 하늘이 감동하여 행주대첩으로 한성을 되찾게 되었고, 그의 지성으로 천지신명이 도와 7년 대전란 내내 한강 이남의 강토와 백성이 그나마 뿌리까지는 뽑히지 않은 채 앞날을 기약할 수 있었다.

'난세에 영웅이 난다.'며 내 주위의 이인(異人), 지사(志士)들이 한결같이 권율의 애국애족 일념을 우러렀다.

영의정을 지낸 권철(權轍)이 부친이고 임금 곁에서 가장 중요한 인재로 중용되는 이항복(李恒福)이 사위임에도 전혀 내색하지 않았다.

7년 왜란을 적나라하게 되밟으려면 권율의 발자취를 밟으면 된다.

임진년 7월 초의 전주 웅치 승리를 시작으로 그가 가는 곳이 바로 빼앗긴 성채와 강토와 백성을 되찾은 곳이 되었다.

계사년(1593년) 6월 초 도원수 김명원을 대신하여 도원수가 된 뒤부터는 몇 곱절 그의 자취가 눈부셔지고 놀라워졌다.

갑오년(1594년) 왜적이 남해안 일대에 모여 있자 그는 승의병장 유정(惟政)을 가등청정에게 4, 5월에 걸쳐 두 차례나 보내 준엄하게 꾸짖으며 항복할 것을 요구하기도 했다.

그래도 어려움은 있었다.

그렇게 목숨을 나라에 내놓고 전쟁터를 누벼도 시빗거리를 만드는 이들이 있었다.

비방하는 상소가 이어지자 임금은 바꾸면 안 된다는 걸 잘 알면서도 을미년(1595년) 7월 초 권율을 잠시 물러나 있게 하고 나를 4도체찰사로 내려 보내며 도원수 일을 겸하게 했다.

사실은 사헌부, 사간원이 나서서 '권율을 압송하여 국문하라.'고 빗발치듯 탄핵했기에 권율은 6월 중순 이후 병으로 사직한 상태였다.

하지만 그가 없는 산하는 곧 바로 왜적의 소굴로 변했다.

나를 비롯하여 유성룡 등이 나서서 병신년(1596년) 2월 초 권율은 다시 도원수로 남쪽을 지키게 되었다.

나보다 꼭 10년 연상이니 59세의 적지 않은 나이로 반년 만에 다시 단말마와 피바람이 끊이지 않는 전쟁터로 나섰던 것이다.

임금은 수시로 그를 불러 전황을 묻고 그가 아프다면 약을 보내기도 했다. 그는 임금 앞에서 '이순신이 있어야 바다를 지킬 수 있다.'고 누누이 말했다.

원균이 칠천량 해전에서 참패한 이후 한산도를 비롯하여 조선 수군이 완전 와해 상태에 이르자 그는 '이순신을 빨리 내려 보내 달라.'고 독촉했다.

경상우병사 김응서를 왜장들에게 수시로 보내 왜적의 동태를 살펴 중앙에 알리기도 하고, 크고 작은 전투가 있을 때마다 표창할 장수들의 이름을 일일이 보고하여 사기를 진작시켰다.

풍신수길이 죽고 난 뒤부터 돌아가기 시작한 왜적이 이순신이 노량해전에서 전사하고 난 뒤부터는 아예 돌아가기를 서두르자, 그는 변방의 방비책을 세세히 적어 올린 뒤 기해년(1599년) 4월 8일 '고향에 돌아가게 해 달라.'고 청했다.

그래도 임금은 그를 놓지 않다가 병이 깊어진 걸 알고 7월 7일 62세를 일기로 별세하기 직전에야 전쟁터를 벗어나 고향으로 가서 쉬게 했다.

'너무 고집스럽다.'며 끝까지 꼬투리 잡던 이들조차도 그가 조선왕국을 구했다는 사실과 그로 인해 대전란 속에서도 그나마 뿌리를 지켜낼 수 있었다는 사실만은 흔쾌히 인정했다.

나는 끝까지 나라 방비를 강조하던 율곡 이이와 초인(超人)다운 면모로 나라를 지켜준 이순신과 오직 본분을 다한다며 환갑을 전쟁터에서 보낸 권율을 영원히 잊어서는 안 될 조선왕국 수호성(守護星)이라고 생각했다.

임금은 9월 하순에 나를 다시 영의정에 앉혔다.

18차례 사직서를 올려 5월 하순에 큰 짐을 벗었지만 결국 4개월여 만에 벗었던 큰 짐을 다시 지게 되었다.

이인(異人) 조충남의 말이 불현 듯 생각났다.

'다들 견마지로(犬馬之勞) 주제에 입신양명을 꿈꾸는데 그래도 이공은 하늘이 특별히 준 인의(仁義)의 마음이 있으니 큰 일 좀 맡아도 괜찮다.'고 하며 그렇지 않아도 자그마한 내 그림자를 산만큼 키워놓곤 했었다.

다시 영의정을 맡았어도 서인, 동인으로 갈렸던 관료들은 이제 동인에서 갈린 남인, 북인을 벗어나 북인에서 나온 소북, 대북으로 나뉘어 나라를 다시 벼랑으로 내몰고 있었다.

나는 임금을 따로 만난 자리에서 '관료들이 마치 춘추전국시대의 소국들처럼 서로 갈라져 으르렁거리니 이러다가는 또 다시 왜적을 끌어들이게 될 것'이라며 '임금이 확고하게 중심을 잡아주지 않으면 옥석을 가리기도 전에 당쟁에 희생되고 말 것'이라고 했다.

임금은 우선 내가 4차례나 사직서를 또 냈다는 사실을 잘 알고 있다고 말한 뒤 '나라가 있고나서야 당파도 있을 수 있는데 이건 완전히 왜놈들에게 나라를 갖다 바치려는 작태들'이라며 격앙된 음성으로 말했다.

그러면서 '영상이 유성룡을 비호한 것이 어디 유성룡 한 사람만을 생각한 것이겠느냐? 간원들의 탄핵은 어쩌다 한 번 해본 소리로 알고 위급한 때이니 나 좀 제발 도와 달라.'고 했다.

임금은 또 '세종 임금이 말년에 세자인 아들(뒤에 문종 임금)에게 정사를 대리하게 한 일'을 언급하며 '물러나고 싶어도 명나라 장수들이 아직 물러가지 않은 상황이라 이도저도 못하고 있다.'고 했다.

그러면서 '영상이 자꾸 물러난다고 하면 아직 남아 있는 명나라 장수들은 그렇다 치더라도 명나라 조정에서 뭐라고 하겠느냐?'고 했다.

세밑에 다시 사직서를 올렸지만 허락받지 못했다.

명나라 군대가 돌아가더라도 일부는 주둔해야 한다며 갑론을박한지 반년이 지났지만 아직 선명한 답이 안 나온 상태였다.

'물러나게 하소서.'라는 나의 사직서는 괜히 해 보는 소리가 절대 아니었다.

7년 대전란에 다들 몸과 마음이 많이들 다치고 지쳐 임금이나 관료들이나 하나 같이 활력을 많이 잃은 상태였다.

거기에다 눈만 떴다 하면 당파싸움이라 '이제는 제발 물러나서 쉬고 싶다.'는 분위기가 팽배해 있었다.

나는 솔직히 대전란이 웬만큼 끝났으니 내 소임도 이제 끝났다고 여겼다.

나이로 보나 그 동안 못 읽은 책의 분량으로 보나, 그리고 전쟁터에서 할퀴고 찢겨 험해지고만 심성을 생각해서나 한시 바삐 물러나고 싶었다.

왜국은 내전에서 무섭게 부풀어 오른 흉포한 인심을 조선 침략으로 해결하려 했는데, 당쟁에 맛들인 조선왕국의 관료들은 7년 왜란을 온몸으로 치르며 시시각각 눈에 띄게 부풀어 오른 사나운 인심을 동료 관료들을 향해 쏟아내고 있었다.

조국 강토에 숨은 원수를 찾던 시뻘건 눈이 이제 동료 관료들 속에서 원수를 찾고 있었다.

경자년(1600년)이 밝았다.

나는 48세가 된 임금을 만나 새해 인사를 올렸다.

임금은 '전쟁 치르느라 경연을 소홀히 한 탓에 성현들 가르침을 많이 잊어 먹었다.'며 안타까워했다.

그리고 전쟁에 희생된 충신열사들의 가족을 돌보는 일을 강조했다.

'풍족하지 않은 재정이지만 최선을 다해 보살펴야 한다.'고 몇 차례나 눈시울을 붉히며 강조했다.

언제나 나라곳간이 문제였다.

7년 대전란으로 민생이 무너진 마당이라 나라곳간을 제대로 채울 수 없으니 명나라 원군이 오래도록 머물러 있는 것마저도 큰 부담이 아닐 수 없었다.

마침내 내 사직서가 받아들여져 1월 하순에 물러났다.

이산해가 다시 영의정이 되었다.

그래도 내 이름 석 자가 정승 후보로 줄곧 올랐다.

71세 최흥원(崔興源), 67세 윤두수(尹斗壽), 74세 정탁(鄭琢), 39세 광주 이씨 이덕형(李德馨), 44세 경주 이씨 이항복(李恒福), 75세 전주 이씨 이헌국(李憲國), 78세 한산 이씨 이기(李墍) 등이 자타가 공인하는 단골 정승 반열이었다.

이덕형은 영의정 이산해의 사위였지만 당쟁의 한복판에 있는 장인과 달리 당파에 초연했다.

7년 대전란 속에서 가장 눈에 띄는 충신 중의 충신이었다.

병조판서, 4도체찰부사로 일하며 통제사 이순신이 어려울 때 가장 적극적으로 나서주었다.

'이덕형과 이항복이 사적으로는 우정으로 맺어진 사이지만 공적으로도 마치 수레의 두 바퀴처럼 나라의 동량지재로서 앞서거니 뒤서거니 하니 참으로 보기 좋다.'고들 했다.

나이든 관료들은 '이덕형은 이산해와 다르고 이항복은 권율과 다르니 장인 사위 사이에는 그렇게 다를 수도 있는 모양'이라고 했다.

내가 영의정에서 물러나자 경상 병사 곽재우는 '전에 4도체찰사로 있을 때 만나보니 오로지 애국애족 일념뿐이고 천성이 공평하고 청렴했다.'고 하며 자신도 물러나게 해 달라고 요청했다.

내가 도체찰사를 맡아 경상도에 가서 그를 불렀을 때 그는 '만날 일 없다.'며 여러 차례 거절했었다.

벗 이정형은 '소하(蕭何)가 한신(韓信)을 부르듯 해야 한다.'며 따로 서신을 보내 곽재우처럼 대찬 선비를 다루는 방법을 귀띔해 주었다.

나는 이정형의 충고에 따라 곽재우가 몇 차례 거절해도 전혀 섭섭해 하거나 노여워하지 않고 거듭거듭 그를 불러서 결국 가까운 벗 사이로 굳혔다.

현풍 곽씨 곽재우는 나보다 5년 연하로 선조 임금과 동갑이었다.

당파에 초연한 관료들은 '쓸 만한 이들은 모조리 시골로 내려가고 녹봉이나 타 먹는 너절한 이들이 정승 자리를 차지했으니 나랏일 바로잡기

참 어렵겠다.'며 한탄했다.

임금은 4월 초에 나를 다시 좌의정으로 불렀다.

아니나 다를까, 탄핵이 이어졌다.

'유성룡만 비호했다. 당쟁에 혈안이 된 이들과만 가까웠다. 화의를 배척하는 이들을 배격했다.'는 식이었다.

공론이라며 사헌부, 사간원이 합세하여 들고 일어났지만 파벌이 다르거나 제 파벌을 두둔해 주지 않으면 무조건 공격하고 보는 병폐가 있다는 걸 너무나 잘 아는 임금은 미동도 안 했다.

'나랏일만 생각하는 어진 정승이다. 전에도 견줄 이가 드물었지만 지금도 앞설 이가 없다. 혹 편견이 있었다 해도 두둔할 꾀를 쓴 게 아니라 마음 속에 사심이 없었기 때문에 한 말이다. 나는 그저 그의 마음을 취한 것이니 다시 논의하지 마라.'고 했다.

집에 들어앉은 채 4번 째 사직서를 올렸지만 임금은 '얼른 나와 일을 보라.'고만 했다.

성균관 유생은 '온 나라 사람들이 우러러보는 이원익은 한적한 시골로 내쫓기고 사악한 무리가 대신 들어앉아 있으니 백성의 호, 불호와 너무 다른 것 같다.'고 상소했다.

우의정 이헌국이 '이원익과 연명해서 올린 글이 문제가 된다면 함께 물러나게 해 달라.'며 고령임을 이유로 내세우자, 임금은 '나이 많을수록 덕도 많은 것이니 어서 나와 일을 보라.'고 했다.

사직서가 이어지자 임금은 4월 중순 좌의정에서 돈녕부영사로 옮겨

주었다.

우의정 이헌국은 임금에게 바른 말을 했다.

'영의정 이산해가 자기변명을 했다고 주위에서 비웃자 대뜸 교체한 일과 좌의정 이원익을 경솔히 교체한 일'을 지적하며 '대신이 아침에 바뀌고 저녁에 교체되고 있어 큰 일'이라고 했다.

6월에 임금의 명에 의해 좌의정 이항복과 우의정 이헌국이 영의정 후보를 올렸는데 최흥원, 정탁, 윤두수, 이덕형에 이어 또 다시 내 이름을 넣었다.

임금은 '최흥원, 정탁은 늙어서 병을 앓고 있고 윤두수, 이원익은 탄핵을 받은 바 있고 이덕형은 나이가 젊어서 아직 적합하지 않다.'고 했다.

이헌국이 52세 심희수(沈喜壽)를 추가로 올리자 임금은 남이공과 가까웠던 일을 지적하며 '합당한 이가 없을 때는 결원으로 두는 게 낫다.'고 했다.

심희수는 이미 성균관 유생 시절에 퇴계 이황의 장례식에 성균관 유생 대표로 참석할 정도로 돋보이는 데가 많았었다.

나와는 의주 행재소 시절에 자주 만났는데 중국어에 능통하여 경략 송응창의 접반사로 오래 있으면서 송응창이 백성을 위해 좋은 일을 하도록 했다. 임금은 뒤에 이항복을 영의정으로 앉혔다.

7월에는 45세로 소생 없이 타계한 의인왕후(懿仁王后) 박씨의 시호, 전호 문제를 놓고 논의했다.

8월에는 '명나라군 1천 명을 주둔시키되 주둔비용의 반은 명나라가 부담하게 하자.'는 안을 놓고 논의했지만 쉽게 결론을 맺지 못했다.

임금은 나를 다시 4도체찰사로 남쪽으로 보내 부(府)를 개설하게 했다.

경연에서 〈주역〉을 강론했던 41세 강첨(姜籤)이 종사관이 되었다.

9월에는 임금에게 역참을 보강하고 역졸을 늘리며 육군을 토병제(土兵制)로 바꿔야 한다고 건의했다.

'성 밖에 집과 토지를 주어 살게 하되 위급할 때는 성에 들어와 지키게 하는 것이 최선'이라고 건의하자 임금도 합당하다고 했다.

밤늦도록 논의한 뒤 나오려 하자 임금은 나와 부체찰사 한효순(韓孝純)에게 활과 환도를 하사했다.

한효순은 나보다 4년 연상이지만 내가 3년여 간 4도체찰사로 있을 때 부체찰사로 호흡을 맞췄기 때문에 무엇을 하든 이심전심이었다.

이순신이 살아 있을 때는 이순신을 도왔는데 이순신이 없는 한산도에 다시 내려가 이순신을 대신하여 해상군비강화에 진력하고 있는 것이다.

그는 이순신의 거북선 제조에 큰 공을 세운 44세 나대용(羅大用)을 도와 거북선 모양의 소형 무장선인 쟁선(鎗船) 25척을 만들도록 했다.

11월에 내가 몸져눕게 되자 임금은 '고기를 안 먹어 비장과 위장이 상해 있으니 꼭 고기를 먹도록 하라.'고 신신당부했다.

경자년(1600년) 세밑에는 거제도 방비책, 역참 활성화 대책, 역졸 증원책, 변방의 양병책과 군적 관리 문제를 놓고 세세히 보고도 하고 건의도 했다.

기준은 언제나 '맡은 자가 편하게 여겨 소임으로 여겨야 제도로 정착

될 수 있다.'는 것이어서 당연히 '현재의 상황을 기초로 하여 발전 방안을 찾는 것'을 최우선으로 했다.

그래서 '이웃하고 사는 이들끼리 역참 활성화에 함께 노력하면 부족한 것과 불편한 것도 스스로 해결해 나갈 수 있을 것'으로 보았다.

전쟁 통에 모든 게 허물어져서 다시 세워야 하지만 그 중에서도 병적 관리가 가장 시급했다.

형편상 멀리 떨어진 군영에 찾아갈 수 없는 이들이 많기에, 자연히 도저히 군역을 질 수 없는 이들까지 버젓이 병적에 올라 있어 폐단이 너무 많았다.

순찰과 지휘를 겸하고 있는 감사들에게 현장에 직접 나가 현황을 파악한 뒤 조사 결과와 향후 계획을 맞춰 폐단이 없도록 했다.

12월에는 전라 감사 이홍로(李弘老)가 장흥에 행정관청인 아문(衙門)과 군무를 보는 영문(營門)이 함께 있어 폐단이 많으니 군무를 보는 영문만이라도 본래의 장소로 옮기게 해 달라고 하여 동의했다.

신축년(1601년)은 전쟁에 무너진 민생에 관한 고민으로 시작했다.

임금과 관료들에게 새해 인사를 하는 자리에서 남쪽 지방의 상황을 생생하게 전달하며 탄식, 또 탄식했다.

전쟁을 겪은 나라라 아무래도 국방이 최우선이기에 자연히 민생과 어긋나는 점이 많았다.

국방은 공동체의 운명과 직결되고 민생은 민초들의 운명과 직결되니 어느 것 하나도 소홀히 할 수 없지만 짐을 지는 쪽은 당연히 민초들뿐이기에 그 짐이 어느새 고역을 넘어 견딜 수 없는 고통이 되고 있었다.

나는 '어째서 현장에서 종이에 자세히 적어 위로 올려도 부지하세월이냐?'고 통탄하며 '국정과 민생이 한 장의 종이에 불과하면 이를 어쩌느냐?'고 캐물었다.

경상 우병영을 창원, 마산 쪽으로 옮겨 설치하는 문제가 현안으로 떠올랐다.

그래도 계속된 내 사직서가 마침내 받아들여져 이덕형이 대신 4도체찰사로 내려오게 되었다.

2월에는 전쟁으로 세가 늘어난 변방 장수들의 문란한 행태가 도마 위에 올랐다.

방비한답시고 민폐나 끼치는 일이 없게 군사훈련에 매진하도록 조처하되 '백자통(百字筒) 등 화포 중심으로 하는 게 좋다.'고들 했다.

문제는 화약인데 염초를 굽는 일이 쉽지 않아 명나라에서 들여오려 해도 밀무역이 성행하게 될까 봐 전전긍긍했다.

한 가지도 쉬운 것이 없는 참으로 복잡다단한 세상이다.

변방의 방비에 관한 말만 나오면 '이원익이 평안도에서 할 때는 한 달여 만에 군사들이 완전히 습득했는데 왜 지금은 그 때처럼 잘 안 되느냐?'는 식의 이야기였다.

바람직한 선례가 된 것까지야 좋은 일이지만 7년 대전란을 겪고도 늘 탁상공론이고 논의뿐이니 그것이 진정 안타까울 따름이다.

4월에는 '전쟁 중에 관료들이 이리저리 움직인 것이 과연 공무에 해당되느냐?'는 문제를 가지고 격론이 벌어졌다.

한성을 비우고 피난 가던 때를 기억하며 혹시 빠뜨린 일이 없는지 따졌다.

당연히 내가 의주 행재소와 평안도 각 처를 오고간 일이 하나의 예로 들먹여졌다.

내가 한 일이 '공무'이니 그 기준에 맞춰 '누가 임금 곁을 늘 지켰는지'부터 따져보자는 쪽으로 논의가 기울어졌다.

5월에는 '생존자들을 중심으로 청백리를 뽑아 올려라.'는 임금의 지시가 떨어져 이 사람 저 사람의 이름들이 몽땅 도마 위에 오르내렸다.

'탐관오리냐, 청백리냐?'를 놓고 평가가 엇갈리는 수가 있기 마련이었다.

나를 비롯하여 유성룡, 김수(金睟), 이광정, 성영(成泳), 최여림(崔汝霖), 허욱(許頊), 오억령, 허잠(許潛), 이유중(李有中), 이시언(李時彦), 김장생, 이기설(李基卨) 등이 거명되었다.

우부승지 이시언 같은 이는 '평산 부사로 있을 때 창고의 쌀을 팔아 무명을 샀으니 탐관오리'라는 식의 비판이 일었다.

나에 대해서는 다들 의견이 같았다.

'가난과 고생은 고통이 분명한데 태연하게 잘 이겨낸다.'는 것, '털끝만큼도 사사로운 일에 관심 두지 않았다.'는 것이 중론이었다.

50 중반에 이르며 30년 가까이 공직에 있었는데 그나마 그런 평을 받

고 있으니, 다행스럽기도 하고 잘 견딜 수 있는 성정을 나눠준 하늘과 조상 앞에 감사하는 마음도 더욱 새로웠다.

임금은 내시를 시켜 '영의정 후보를 올려라.'고 지시했다.

나와 함께 정탁, 최흥원, 심희수, 한응인, 윤승훈(尹承勳) 등이 올라갔다.

우의정 윤승훈은 나보다 2년 연하인데 기해년(1599년)에 함경도 감사로 있으면서 함경도 일대를 어찌나 견고하게 지켰던지 '함경도에는 오랑캐의 흔적도 없다.'는 말이 나올 정도였다.

7월에는 왜국이 거듭 요구하는 화친 문제가 논의되었다.

임금은 '대마도가 너무 가까워 언제 무슨 일이 날지 모르니 왜국의 요구를 묵살하기도 힘들지만 자칫 명나라가 트집을 잡지 않을지 모르겠다.'고 했다.

나와 영의정 이항복은 '굳이 사신을 보낼 것 없이 적정 보고 형식으로 사람을 보내 한 번 살펴보고 오게 하는 것도 좋겠다.'고 했다.

8월에는 제주도에서 일어난 역모사건으로 한 차례 피바람이 불었다.

소덕유, 문충기, 혜수(惠修), 홍경원, 김정걸, 김대정, 이지, 김종, 강유정 등이 동쪽 저자거리에서 처형되었다.

임금은 내게 북쪽의 방비와 민심을 챙기라며 3도체찰사에 임명했다.

'전에 오래 있으며 잘 정착시켰던 일들이 그 동안 다 흐지부지 되었으니 다시 가서 함경도의 방비와 평안도, 황해도의 민생을 돌보라.'고 했다.

임금은 계미년(1583년) 이후 하나의 어엿한 세력으로 등장한 건주위 여진족 수령 노이합적(努爾哈赤: 누루하치)을 걱정하고 있었다.

'대륙의 북방이 안정되어야 위급할 때 도움을 받을 수 있다.'고 했다.

임금은 나와 최흥원, 영의정 이항복, 이헌국, 좌의정 김명원, 우의정 윤승훈에게 길든 말 한 필씩을 표창으로 주었다.

내가 병을 이유로 또 다시 사임을 요청하자 임금은 '한성에 있으면서 소임을 다할 수도 있을 것 아니냐?'며 거절했다.

임금은 내가 '일단 맡으면 반드시 현장을 누비며 소임을 다할 것'이라고 여기고 그렇게 말한 것이다.

장령 강첨(姜籤)은 나를 따라 영남, 호남을 살펴본 일을 말하며 '밀양 등지에 투항한 왜인들이 60여 명씩 모여 사는데 주위 동네에 폐를 끼치는 일이 많으니 만일의 경우를 위해 그들을 아예 북쪽 끝으로 이주시켜 본국과 멀어져 내통할 기회를 없애는 것이 좋겠다.'고 했다.

임금은 '이유 없이 이주시키는 일은 안 된다.'고 했다.

9월에 병이 웬만큼 낫자 북쪽으로 떠나려하자 임금이 불렀다.

"어느 도부터 가려는가?"

"겨울이 닥치기 전에 함경도를 먼저 둘러보고 평안도로 가렵니다."

"관서 사람들은 이제 이마에 손을 얹고 신임 체찰사가 어디쯤 오는지 기다릴 것이다."

"현지 감사들이 잘하고 있을 것입니다. 군사 훈련을 중점적으로 살피려 하지만 아무래도 사정이 전과는 다를 것 같습니다."

"무슨 근거로 그러는가?"

"전쟁 중일 때는 상하귀천을 가리지 않고 군사 훈련에 임했고 전쟁 중이라 다른 부담 지우지 않고 오로지 그 한 가지에만 집중할 수 있었지만, 그 후에는 모든 게 해이해졌습니다. 관속들은 수령이 침해하고 사노비는 상전이 침해하여 머릿수 채우기도 힘든 형편입니다. 그리고 감사는 도의 주인이지만 체찰사는 손님이기에 감사가 말을 안 들으면 한 장의 공문에 불과하게 됩니다. 감사와 혼연일체가 되어 소임을 다할 각오만 더욱 다지고 있습니다."

"언제 돌아오려는가?"

"병만 다시 앓지 않으면 오래 있으렵니다. 요충지인 성천 등지에 군량이 떨어졌다니 종사관을 먼저 보내 군량부터 마련한 다음 정착될 때까지 소임을 다할 작정입니다."

"지휘, 감독하는 일을 전적으로 하라는 것이지 지방에만 있으라는 말은 아니니 때때로 올라오는 것이 어떤가?"

"현지에 있어야 합니다. 중앙에 머물면 현지 수령들이 중앙 조정에 먼저 묻지 현지에 내려간 체찰사에게 묻지 않을 것입니다."

"이제 멀리 떠나는 마당이니 중앙의 일이든 지방의 일이든 허심탄회하게 다 말해주기 바란다."

"오직 소임을 다해야 한다는 생각뿐이라 다른 것은 일체 생각 못하고 있습니다. 전에 해본 일이니 포수를 중심으로 훈련에 임하겠습니다. 하나 문제는 중국의 후한 대접과 달리 우리 군사들은 고된 군역 이외에 다른 부역도 많아진다는 사실입니다. 그러니 군역을 고통으로 여기며 피하게 되고 자연히 나라는 백성의 신세를 지기 어려워지게 됩니다. 대전란 초기처럼 지금도 황폐하고 혼란한 지경이니 백성의 짐을 덜어주어 살아가는 낙이 있도록 해야 합니다. 굶는 줄 알면서 거둬들이기만 하면 결과는 너무도 자명합니다. 백성의 짐을 덜어주어 힘을 피게 해야 하는 일이 급선무이기에 말씀드립니다."

"모두 아주, 아주 옳다."

나는 아침 일찍 임금과 만난 뒤 점심녘에야 물러났다.

10월에는 '북쪽에 포수 훈련을 시킬 만한 사람이 부족하니 한성의 포수들을 보내 달라.'고 요청했다.

'2품 이상의 관료들 중 청백리를 선발하라.'는 임금의 특별지시에 따라 5월부터 논의되더니 마침내 네 사람이 뽑혀 아들은 벼슬을 얻고 본인은 품계가 올라가는 표창을 받게 되었다.

나를 비롯하여 유성룡, 양천 허씨 허잠(許潛), 이시언(李時言)이 뽑혔다.

임금이 내 후임으로 4도체찰사를 맡은 이덕형을 불러 남쪽 사정을 물었다.

"남쪽의 방비는 어떤가?"

"농토가 많은 영남은 그래도 괜찮겠지 하고 내려갔는데 가서 보니 다 죽고 그림자조차 없었습니다."

"정말 그렇다면 큰일이 아닌가?"

"부산, 울산, 창원 등지에서 각각 토병 1천을 모으고자 했더니 울산은 560여 명, 창원은 450여 명뿐이었습니다. 병마절도사가 도처에서 모은

숫자도 겨우 330여 명뿐이었습니다. 한데 무기가 없어 훈련이고 방비고 다 어렵습니다. 수군은 더 어렵습니다. 다 합쳐 3백여 척인데 전투에는 쓰기 어렵고 그저 무력 시위하는 데나 쓰일 수 있을 정도입니다."

"현실이 그렇다면 큰일 아닌가?"

7년 왜란으로 몽땅 허물어진 비참한 상황이라 판단력이 남다른 이덕형의 눈에 '사람이라고는 그림자도 없었다.'는 식으로 비쳐진 것이다.

그 많던 집들과 사람들은 대체 다 어디로 가고 온통 빈들, 빈집, 빈 마을이 되었는가!

되돌아볼수록 철천지원수일 수밖에 없는 왜국이고 왜적이다.

11월에 변방의 위기 발생 시 중앙과의 연락 체계에 대해 건의했다.

'중앙에 지방과 연락할 사람을 고정적으로 두어 항상 준비하고 있다가 필요 시 즉각 대처하게 하면, 변방의 경보와 중앙의 대처가 혼연일체가 될 수 있다.'고 보았다.

나는 임금이 하사한 묵은 달력을 다시 넘겨보며 신축년(1601년) 한 해를 정리해 보았다.

성현은 나이 50을 지천명(知天命)이라 했지만 돌아보니 지천명은 고사하고 세상 돌아가는 사정과 사람들 살아가는 형편도 제대로 다 알 수 없었다.

전란에 쫓겨 정신없이 산 날들이 새삼 후회스럽기까지 했다.

왜국을 정벌할 국력이 되었거나 명나라 원군이 없이도 스스로 충분히 물리칠 방비가 튼튼했더라면 얼마나 좋았을까!

임금을 잘 받들며 나라와 백성을 잘 지켜야 하는 관료의 한 사람으로 과연 책무를 다 했었는지, 돌아볼수록 후회스럽기 짝이 없었다.

임인년(1602년)은 병석에서 맞았다.
가족도 만나고 벗들도 볼 겸 새해를 맞아 잠시 한성에 올라왔다.
한데 '곡식이 떨어져 병석에서도 죽만 겨우 먹고 있다.'는 말이 나와 동갑인 안동 권씨 권희(權憘)를 통해 임금에게 전달되었다.
임금은 내게 쌀과 고기와 술을 보내며 '빨리 일어나서 나랏일을 돌봐 달라.'고 친히 서신도 덧붙였다.
가난은 견딜 만하지만 식구들이 함께 고생하니 늘 그게 가슴 아팠다.
임금이 보내준 귀한 선물로 식구들이라도 한동안 배곯지 않을 수 있으니 다행이지만 굶는 백성들은 언제 도움을 받을지 모르니 그저 답답할 뿐이다.
권희는 나와 나이도 같지만 공직에도 함께 나갔는데 왜란이 시작될 때 마침 종묘에서 일할 때라, 왕실 어보를 갖고 의주 행재소에 왔기에 난리 끝난 뒤에도 종묘의 전례만은 원상회복할 수 있었다.
나는 병이 차도가 없자 나라가 위급한데 요충지에 빈자리를 둘 수 없다며 사직서를 냈다.
6월에 임금은 내게 중추부판사의 직책을 주었다.
9월에는 정유년(1597년) 왜란이 다시 터졌을 때 향병장 정인홍 밑에 있던 의병들이 '관군에 소속시킨 뒤 명단 관리가 제대로 안 돼 의병들의 순수한 의도가 훼손되게 생겼다.'는 상소를 올렸다.

5년이 지나도 일처리가 불분명하다 보니 한참 잊고 있던 일들이 다시 고개를 든 것이다.

12월에는 다시 몸져눕게 되어 소임을 다하지 못했다.

계묘년(1603년)은 새해 벽두부터 '7년 대전란에서 공로를 세운 이들을 공신으로 표창할 일'이 초미의 관심사였다.

공신도감이 차려져 한창 초안을 만드는 중인데 내 이름이 오르락내리락했다.

임금은 '도원수 김명원이 순안에 있었는데 왜 평안 감사 이원익을 그보다 앞세우느냐?'고 하고, 공신도감에서는 '김명원은 세 차례 패한 뒤 순안에 쫓겨 온 처지였지만 이원익은 평양성 함락 후 다 흩어질 때 군사들을 모아 방비에 만전을 기했으니 당연히 앞세운 것'이라고 했다.

4월에 초안이 정해지자 내 이름을 맨 앞에 놓고 이순신, 권율, 원균, 권응수, 김시민, 이정암, 곽재우, 이억기, 권준 등 26명이 거명되었다.

5월에는 명나라 황제에게 보내는 토산물 중 인삼을 고르는 문제를 논의했다.

나와 이항복은 '양 뿔 닮은 것만 고르면 2할도 안 되니 그 대신 대소, 장단 가리지 말고 묶으면 캐는 대로 다 쓸 수 있다.'고 했지만, 임금은 '경솔하게 변동시키기 어렵다.'고 했다.

임금이 화폐 유통을 거론하자 나는 '중국은 잘 통용되어 걱정 없지만 우리는 하다 말다 해서 쉽게 시행하기 어려우니, 미리 계획과 세칙을 세워 신중히 해야 한다.'고 했다.

6월에는 중추부 영사가 되었다.

영의정 이덕형, 좌의정 윤승훈, 우의정 유영경이 나랏일을 보고 있었다.

8월이 되자 임금은 내가 병으로 떠나온 북쪽과 서쪽의 방비를 걱정했다.

영의정 이덕형은 '평안도만 해도 지형이 험준해서 지키기 어려우니 구성, 안주, 평양, 영변 등지를 거점으로 집중 방비해야 한다.'고 했다.

임금은 '성이 너무 크면 유지도 어렵고 방비도 어렵다.'고 했다.

9월에는 나를 비롯하여 28명의 고위 관료들에게 임금이 손수 사모(紗帽)와 이엄(耳掩)을 하나씩 하사했다.

10월에는 전란 중에 헝클어진 상전과 노비의 관계가 도마 위에 올랐다.

임금은 '원래의 상전을 배반하고 권세 있는 자에 붙은 자들은 모두 변방 방비에 충당하게 하여 산적한 소송을 일시에 해결하라.'고 했다.

나와 영의정 이덕형은 '새 법을 만들 것 없이 기존의 법과 임금의 지시를 기준 삼아 철저히 시행하면 된다.'고 했다.

12월에는 의금부의 일로 논란이 빚어졌다.

나는 '법조문만 따져 정당방위니 죄가 없다고 하면 안 된다.'고 했다.

임금은 '잘못이 없는데도 법조문을 적용하여 죄를 주는 것도 문제이지만 사람을 죽여 놓고도 잘못이 없다고 하면 더 큰 문제이니 신중히 처리하라.'고 했다.

갑신년(1604년)은 7년 왜란의 공신 선정 문제로 시작했다.

선무공신(宣武功臣)과 달리 호성공신(扈聖功臣)은 '누가 임금을 처음부터 끝까지 뒤따랐느냐?'가 논의의 초점이었다.

임금의 피난 이전에 이미 지시를 받고 소임에 나선 나 같은 경우가 논의의 대상이었다.

먼저 서쪽으로 떠나 공무를 수행한 나나 최흥원, 유영경, 그리고 혈혈단신으로 소서행장의 진영에 들어가 그를 만나 담판하려던 이덕형이 논의의 중심이었다.

6월에도 임금의 지시와 관료들의 주장이 엇갈리며 논란이 이어지다 마침내 세 가닥으로 결론이 내려졌다.

호성공신, 선무공신으로 7년 왜란의 공적을 표창하고 청난공신(淸難功臣)으로 병신년(1596년)에 있었던 이몽학의 난 평정을 표창하자고 했다.

호성공신 86명, 선무공신 18명, 청난공신 5명인데 나는 호성공신 2등에 올라 '본인, 부모, 처자는 관계(官階)가 각 2계 가자(加資)되며 반당(伴倘) 6명, 노비 9구(口), 구사(丘史) 4명, 전(田) 80결, 은자(銀子) 7냥, 내구마(內廐馬) 1필을 받는다.'는 기준에 따라 은혜를 입었다.

호성공신 1등에는 이항복, 정곤수(鄭崐壽)가 오르고 선무공신 1등에는 이순신, 권율, 원균이 오르고 청난공신 1등에는 홍가신(洪可臣)이 올랐다.

호성공신이야 임금의 행차를 호종한 일이니 당연한 일이지만, 선무공신은 이순신처럼 목숨을 바쳐 나라를 구한 일인데 어찌 그 빛나는 전공이 18명에게만 있겠는가!

나는 이름도 영광도 없이 사라져간 무수한 이름들 위에 선무공신 한 사람, 한 사람의 이름과, 나와 함께 동서남북에서 목숨 걸고 나라 구하기에 나섰던 이름들을 얹어 몇 번이고 부르고 또 불러보았다.

부를수록 눈물이 앞을 가렸다.

떠올릴수록 설움이 북받쳐 주체하기 힘들었다.

아아, 언제나 진정한 태평성대가 와서 성현들의 말씀대로 온 백성이 부른 배 두드리며 물 마신 새처럼 머리를 하늘로 번쩍 들 것인가!

살아서 사라진 이들의 공로만 독차지하는 것이 한없이 부끄러울 따름이다.

7월에는 완평부원군(完平府院君)으로 봉해졌다.

9월에는 의금부에서 정유년(1597년)에 거창 황석산성을 버리고 도망한 백사림(白士霖)의 죄를 다시 문제 삼자 논의가 벌어졌다.

임금은 대사령으로는 용서 받지 못할 정도냐고 물었다.

왜란이 터지자 분연히 일어나 곽재우, 권율, 이순신 등과 전공을 많이 세운 무인이지만 거창에서 성을 버린 죄로 두고두고 문제가 되었다.

전라 병사 이광과 함께 2만여 군사로 한성을 되찾아 평양에 있는 임금을 환궁하게 하려다 용인성 전투에서 전사하고만 그의 형 백광언(白光彦)의 전공을 보아서라도 용서해야 하나, '장수가 성을 적에게 넘겨주었다.'는 명약관화한 죄로 늘 부끄러운 꼬리표가 따라다녔다.

10월에는 영의정 윤승훈, 좌의정 유영경, 우의정 기자헌이 중심이 되어 종묘를 다시 짓는 문제를 논의했다.

종묘 신축은 결정이 났지만 신주(神主) 등 종묘에서 적용할 항목을 놓고 의견이 분분했다.

옻칠이 오래 되어 이전에 썼던 글자를 칼로 긁고 새로 써야 하는 일이 생겼지만 신주 위에 칼질을 하는 문제가 거슬린다고 논의가 시작된 것이다.

나나 이덕형은 '정성들여 제사 지내는 일이 더 중요하니' 나머지는 예조에서 정하는 대로 시행하라고 했다.

임금은 호성공신에 오른 86명에 대해 특별 은전을 베풀었다.

내가 속한 2등에 대해서는 '화상(畵像)을 그려 후세에 전하며 품계를 2등급 올린다. 부모와 처자도 2품계를 올리며 아들이 없으면 조카와 사위에 대해 1품계를 올린다. 큰집 장자는 세습하여 그 녹봉을 받으며 죄를 짓더라도 영구히 용서한다.'는 특별 지시를 내렸다.

나는 '공로도 없는데다 그 동안 받은 은혜도 너무 많아 감당하기 힘들다.'며 감사의 글을 올렸다.

12월에 영의정 후보를 올리는데 이산해, 유성룡, 이덕형, 이항복, 한응인, 심희수와 더불어 내 이름도 올랐다.

관료들은 한 사람, 한 사람을 거명하며 평가하기에 바빴다.

이산해는 '문장에 능해 존경을 받았으나 당파에 치우치고 아들 이경전(李慶全)이 말썽을 피워 비방을 면하지 못하게 되었다.'고 했다.

유성룡은 '기축년(1589년) 변란 때 최영경(崔永慶)을 구하지 않았고 우성전(禹性傳) 같은 괴팍한 자와 사귀고, 왜란 이후 7년 동안 권세 잡고 당파에 치우쳐 화의만 주장했다.'고 했다.

나에 대해서는 '몸가짐이 청백하고 소박한데다 늘 나랏일을 근심했다.'고 했다.

다들 생각이 구름 같고 말이 또한 바람 같은데 누가 사람이 하는 일을 단속하겠는가!

그저 성현들 가르침대로 타고난 천성 잘 간수하는 일이 충효의 으뜸이리라.

을사년(1605년)이 되자 모든 일이 대강 안정되어 갔다.

2월에는 7년 대전란으로부터 조선왕국을 구해 준 명나라 황제 만력제에 대한 송덕(頌德) 문제가 논의되었다.

이충원(李忠元)이 '대동중흥송(大東中興頌)'을 지어 올리고 예조에서는 그걸 바위에 새겨 오가는 중국인들도 보고 조선 백성들도 보며 황제의 은공을 기억하게 하자고 했다.

나와 이항복은 평양 수복 이후 조정에서 '세 곳에 송덕비를 세우자.'고 했었으니 어느 정도 안정된 지금이라도 그 계획을 실행하면 '굳이 노래를 지어 부르게 할 일이 없을 것 같다.'고 했다.

4월에는 7살이 된 임금의 원손(元孫) 교육 문제가 논의되었다.

나를 비롯하여 다들 '응석 받아줄 때가 지났으니 속히 계획을 세워 가르쳐야 한다.'고 했다.

9월에는 한성에서 치른 과거 시험에서 시제(試題)가 잘못 제출되어 말

썽이 생겼다.

　사헌부는 합격자 명단 자체를 취소하자고 했다.

　나나 우의정 심희수 등은 '시험관만 처벌하고 합격자 명단은 취소하지 말아야 한다.'고 했다.

　임금은 '합격자 명단을 취소하는 일이 없도록 하라고 한 번 지시한 일이 있으니 그대로 하고 시험관만 처벌하면 될 것'이라고 했다.

　10월에는 명나라 황제 송덕비 문안(文案) 문제가 대두되었다.

　문안을 맡은 대제학 유근(柳根)이 '중요한 일이니 논의해서 하는 게 좋겠다.'고 하여 토의에 붙였던 것이다.

　나를 비롯하여 이덕형, 이항복, 우의정 심희수 등은 '송덕비가 세 개이니 세 사람이 나눠서 하나씩 짓는 게 좋겠다.'고 했다.

　임금은 영의정 유영경, 좌의정 기자헌의 의견대로 '예조에서 최종적으로 올린 글을 새기면 될 것'이라고 했다.

　12월에는 과거 시험장에서 답안지를 거둔 후 생긴 문제로 합격자 취소 여부와 시험 감독관 처벌 문제를 논의했다.

　나를 비롯하여 이항복, 좌의정 기자헌, 우의정 심희수는 '합격을 취소하는 게 마땅하다.'고 했다.

　임금은 영의정 유영경의 말대로 '감독관 처벌과 합격자 취소를 병행하라.'고 했다.

　병오년(1606년) 새해 벽두부터 본처 후처 문제가 불거졌다.

서경덕의 문인으로 문장에 빼어난 재주를 지녀 명나라에 올리는 외교 문서를 거의 혼자서 맡고 있던 차천로(車天輅)가 '아내 있는데도 또 아내를 얻었다.'고 탄핵을 받게 되었다.

대명율과 경국대전의 내용이 들먹여지며 '어떻게 처리하느냐?'고 정식 의제로 올렸다.

나를 비롯하여 이덕형, 이항복, 좌의정 기자헌, 우의정 심희수 등은 '두 곳의 기준이 모두 먼저 아내를 중하게 여겨 본처로 삼는다고 했으니 그대로 하면 될 것'이라고 했다.

법이 정한 대로 본처, 후처로 하되 먼저 아내를 반드시 본처로 해야 한다는 말이었다.

임금도 '의논한 대로 하라.'고 했다.

차천로는 나보다 9년 연하인데 문재가 타의 추종을 불허할 정도였다.

왜란 직전에 통신사 황윤길과 같이 왜국에 가서는 그 얼마 안 되는 기간 내에 한시를 자그마치 5천여 수 가까이나 지어 왜인들을 놀라게 했다.

사람들은 석봉(石峯) 한호(韓濩)의 글씨, 최립(崔岦)의 문장, 차천로의 시를 송도삼절(松都三絶)이라 일컬었다.

아버지 차식(車軾), 아우 차운로(車雲輅)와 함께 중국 북송시대의 동파거사(東坡居士) 소식(蘇軾)에 견줘 3소(三蘇)로 불리기도 했다.

4월에는 왜국에 사람을 보내 왜국의 사정을 알아보는 문제를 논의했다.

나는 '일단 사람을 보내 왜국의 현황이 어떤지 알아보고 오게 한 다음 일정을 처리하는 것이 낫겠다.'고 했다.

6월에는 경자년(1600년)에 내가 체찰사로 내려가 시행하여 어느 정도 자리가 잡혔던 변방 방비책이 문제로 등장했다.

울산, 동래, 창원에 초모진(招募陳)을 설치하고 별장 한 사람을 세워 방비하게 했는데 수년이 지나는 사이 다들 본 고을로 귀속되고 죄수들로 채워진 동래만 아직 명맥을 유지하고 있다고 했다.

비변사의 제안은 동래 별장 도원량(都元亮)의 상소대로 '본 고을로 귀속시키되 인수인계를 정확하게 해야 한다.'는 쪽이었다.

임금은 승인했다.

9월에는 선조 임금의 생부인 덕흥대원군의 존호 추증을 뒤늦게 논쟁거리로 삼게 되었다.

이미 선조 임금 초에 임금이 제안하여 시행한 문제인데 김계(金稽)라는 이가 문제 삼고 나온 것이다.

중국의 선례를 들먹이며 '왕위를 물려준 명종 임금과 생부 덕흥대원군을 모두 섬겨야 하나, 한 쪽은 의리의 문제, 다른 쪽은 온정의 문제'라는 식으로 논의가 깊어졌다.

정묘년(1567년) 중종의 7남 덕흥군(德興君)의 3남 하성군(河城君)이 명종의 뒤를 이어 즉위한 뒤 생부와 생모를 기사년(1569년 선조 2년)에 북송 영종(英宗)의 생부 복왕(濮王)을 추존한 전례를 따라 생부 덕흥군을 추숭하여 덕흥대원군(德興大院君)으로 하고 생모 하동군부인은 하동부대부인(河東府大夫人)으로 추존, 나라에서 제사를 지내 고하려면 황백부모(皇伯父母)로 칭하기로 했다.

선조 임금의 잠저(도정궁) 후원에 가묘(家廟) 덕흥궁(德興宮)을 세워 신위는 백세토록 조천(祧遷)하지 않는 것으로 정했다.

좌의정 허욱은 '이미 경전에 따라 심사숙고하여 정한 문제로 오랫동안 아무 문제가 없었지 않느냐?'고 했다.

중추부 지사 심희수는 '재론은 안 된다는 입장을 명확히 밝혀 틈을 노리는 버릇을 막아야 한다.'고 했다.

나나 윤승훈, 기자헌, 영의정 유영경 등은 '이미 역사가 된 일이니 다시 꺼낼 필요가 없다.'고 했다.

임금은 '없던 일로 하라.'고 했다.

12월에는 '과거 시험이 너무 잦아 모든 게 문란해졌다.'는 말이 나왔다. 금년 들어 벌써 두 차례 치렀는데 두 벌 시험이니 특별 시험이니 하며 자주 치르면 모범 답안이나 외워 요행히 합격하려고나 하지 정작 학문에는 소홀하게 된다는 것이 비판론이었다.

임금은 '금년에는 두벌 시험과 특별 시험을 보이지 않겠다.'고 했다.

나를 비롯하여 다들 임금의 뜻이 옳다고 했다.

10월부터 준비한 왜국 회답사 파견 문제가 어느 정도 윤곽이 드러났다.

일단 7년 왜란을 마무리 짓고 왜국에 있는 수많은 포로들도 데려오기 위해 회답사(回答使) 겸 쇄환사(刷還使)로 여우길(呂祐吉)을 파견하기로 했.

여우길은 정탐에 유리하다며 승려를 동반하려 했지만 거절되었다.

12월 1일 마침내 회답정사 여우길, 부사 경섬, 서장관 정호관이 왜국으로 출발했다.

임금을 비롯하여 다들 감회가 새로웠다.

철천지원수인 왜국에 통신사 대신 회답사로 이름만 바꿔 보내지만 7년 대전란의 실질적 마무리 작업이 되는 셈이다.

무엇보다도 왜국의 현황을 알아보는 일과 포로로 잡혀간 수많은 조선왕국 백성들을 고국으로 데리고 오는 일이 가장 중요했다.

임인년(1602년)부터 왜국은 '명나라에는 조공을 바치고 싶고 조선왕국과는 통호(通好)하고 싶다.'며 대마도주 평의지(平義智)를 앞세워 여러 차례 공문을 보내왔었다.

그리고 승장 유정(惟政)을 비롯하여 전계신(全繼信), 손문욱(孫文彧), 조선(趙瑄) 등이 대마도와 왜국 본토를 왕래하며 왜국의 실상을 살폈었다.

대마도주 평의지가 노력하여 을사년(1605년) 5월 하순에 포로로 끌려갔던 1천 9십여 명이 돌아오고 유정과 손문욱은 같은 해에 또 자그마치 3천 5백여 명을 데리고 온 적이 있었다.

어쨌거나 여우길 등이 회답사로 왜국을 가게 되면서 7년 왜란의 참혹한 자취가 최소한 겉으로 만이라도 웬만큼 봉합이 된 셈이다.

02

조선왕국과 나의 60대

02 조선왕국과 나의 60대

　　　　　　　정미년(1607년)은 내 나이 환갑이 되는 해다.

　태어난 해와 환갑을 맞는 해가 같은 정미년이라는 것부터가 그 속에 오묘한 이치가 깃든 것만 같다.

　한 바퀴를 다 돌았으니 '이제부터 더 잘 살아야 한다.'는 뜻이 들어있는 것 같기도 하고 또 어찌 보면 '다 돌았으니 새로 돌아야 한다.'는 뜻도 들어있는 것 같다.

　55세 임금은 병치레 많은 나처럼 정미년 들어 병상을 지키는 날이 부쩍 많아졌다.

　4월부터 종묘를 '다시 짓느냐, 넓히기만 하느냐?'를 놓고 논의가 깊어갔다.

　나를 비롯하여 다들 '왜란 중에 헝클어졌으니 다시 지어야 하나 결코 쉽게 정할 문제가 아니다.'라는 쪽이었다.

임금은 영의정 유영경, 좌의정 허욱, 우의정 한응인을 거명하며 '3정승의 의견에 따르겠다.'고 했다.

관료들은 아마도 선조 임금의 천수가 얼마 안 남았다고 본 듯하다.

다들 학문이 깊은데다 〈주역〉 정도는 속속들이 꿰고 있는 이들이 태반이니 왜 천기를 못 읽었겠는가!

임금 또한 만년에는 주로 〈주역〉 읽는 재미에 푹 빠져 있었다.

그래서인지 종묘 건축 문제를 논의하며 '내가 곧 들어갈 곳'이란 말을 자주 했다.

관료들은 '그런 말씀은 듣기 죄송하고 거북하다.'고 했지만 임금은 자신의 천수를 짐작한 듯 의외로 담담했다.

8월 1일 회답사로 왜국에 갔던 여우길 일행이 돌아왔다.

8개월여 만에 돌아오며 포로로 잡혔던 조선왕국 백성들을 많이 데리고 왔다.

짧게는 10여 년, 길게는 15년여 만에 고국 땅을 밟아 그리운 가족을 만나게 된 것이다.

온 가족이 돌아와 무너진 집을 보고 망연자실한 경우도 있을 것이다.

아이와 아낙네만 돌아와 모두 죽고 없는 집에 앉아 통곡하고 있는 경우도 있을 것이다.

다친 몸, 병든 몸, 짓밟힌 몸으로 돌아왔지만 뿌리 채 뽑혔던 나라가 그나마 다시 세워진 것을 보고 용기를 얻어 새로운 출발을 다짐하기도 할 것이다.

천지신명이여, 부디 굽어 살피소서!

나는 두 손을 모아 하늘에 기원하며 한동안 속으로만 울먹였다.

벗 이정형이 58세를 일기로 삼척 임지에서 별세했다.

처음 공직생활을 시작할 때부터 가까이 지내며 말 그대로 생사고락을 함께 했다.

다방면에 해박한 벗이라 무엇을 물어보아도 막힘이 전혀 없었다.

8년 연상인 친형 이정암과 어떻게 그리도 우애가 깊은지…

7년 대전란 속에서도 형제가 똑같이 목숨을 내놓고 지략과 용맹을 아낌없이 발휘했다.

내가 평안도에 있을 때나 체찰사로 남쪽을 돌아다닐 때나 아파서 집에 있을 때나 조정의 일로 번민할 때나 언제나 한결같이 형제가 모두 나의 좋은 벗이 되어 주었다.

나는 경자년(1600년)에 59세를 일기로 생을 마친 이정암을 위해서도 다시 울고 정미년(1607년)에 임지에서 죽은 이정형을 위해서도 다시 울었다.

형제가 모두 대학자 퇴계 이황을 흠모하여 이정형은 아호를 지퇴당(知退堂)으로 짓고 이정암은 퇴우당(退憂堂)으로 지었다.

누구나 가야 하는 길이지만 벗은 가고 나만 뒤에 남아 오늘도 괜히 서러운 아이처럼 그저 울고만 있다.

나는 이정형과 특별히 가까이 지내던 이호민(李好閔), 이수광(李睟光)을 생각하며 작은 위안을 느꼈다.

이호민은 선조 임금을 위해 온갖 글을 대신 쓰며 문재를 날렸다.

아무리 의례적인 글이라도 그가 쓰면 다들 감동하게 마련이었다.

특히 의주 행재소 시절 왜적의 수중에 있는 한성을 충청, 전라, 경상 3도의 군사가 총공격한다는 낭보를 접하고 지은 시 '용만행재하삼도병진공한성(龍灣行在下三道兵進攻漢城)'은 널리 애송되며 전란 중에 피폐해진 마음을 달랠 수 있게 했다.

무신년(1608년) 1월 말에 위급한 징후가 있더니 2월 초하루 '속히 입궐하라.'는 말이 떨어졌다.

나는 이덕형, 이항복, 윤승훈, 기자헌, 심희수 등과 임금의 임종을 지켰다.

신시(오후 3~5시)에 천수 55세를 일기로 승하(昇遐)했다.

임자년(1552년) 11월 11일 한성 인달방(仁達坊)에서 출생할 때는 덕흥군의 3남이었지만 15세에 명종을 이어 임금이 되었다.

초기에는 이황, 이이 같은 대학자를 극진히 예우하며 학문이 나날이 깊어갔다.

선대에 일어난 사화의 희생자들을 신원(伸寃)하고 가해자들을 엄벌하여 중종 때 시작된 사림정치를 마침내 꽃피웠지만 당쟁이 격화되어 결국 7년 대전란을 제대로 방비하지 못한 탓에 나라와 백성이 뿌리까지 흔들리게 되었다.

효성이 지극하고 성품이 검소하여 절제를 가까이 하고 사치는 멀리했다.

농민의 피와 땀이 밴 곡식이라 하여 한 톨의 낟알도 낭비하지 않았다.

서화에 뛰어나 명장 이여송(李如松)이 하나 얻고자 해도 주지 않았다.

갑신년(1604년)에는 환갑의 고승(高僧) 유정(惟政)을 일본에 보내 덕천가강과 강화를 맺고 이듬해 7년 대전란 중에 포로 된 이들 3천 5백여 명을 데리고 오게 했다.

굳이 비교하자면 유비(劉備)에 가까운 인품이었다.

전쟁으로 말년이 가팔랐지만 그래도 그 힘든 시기 내내 중심을 잃지 않았다.

왕후장상이든 필부든 어차피 인명은 재천이지만 그래도 너무 서러웠다.

내가 20대에 관료생활을 시작하며 환갑의 나이에 이르기까지 은혜를 너무 많이 받았기 때문이기도 하지만, 무엇보다도 보기 드문 성군(聖君)이 더 좀 오래 나라와 백성을 지켜주지 못하고 너무 일찍 하늘의 부름을 받았다는 사실이 아쉽고 서러웠다.

유정(惟政)은 자신이 덕천가강과 강화를 맺는 사이 84세의 속세 나이로 입적한 스승 휴정(休靜)의 발자취를 따르기 위해 산중에 있다가 임금의 붕어 소식을 듣고 한성으로 달려왔다.

임금의 붕어 이튿날부터 새 임금의 등극이 논의되었다.

2월 6일 이호민(李好閔), 오억령(吳億齡), 이호의(李好義) 등을 고부청시청승

습사(告計請諡請承襲使)로 북경에 파견했다.

5월 20일 북경에 도착하여 선조 임금의 승하와 광해군의 즉위를 알렸으나 명나라 조정에서는 광해군을 세자 책봉할 때부터 문제 삼던 '장자승계론'을 다시 들고 나왔다.

첫째 임해군이 있는데 왜 둘째 광해군으로 순번이 넘어가느냐는 지적이었다.

이호민은 '적자, 서자 구별 없이 장자가 승계해야 한다.'는 '입장론(立長論)'을 주장했다.

선조 임금 말년에 계비 인목왕후에게서 영창대군이 태어날 때부터 그는 줄기차게 입장론을 내세우며 영창대군 옹립파인 소북파와 대립했었다.

어쨌거나 승낙할 때까지 줄기차게 요청해야 할 입장인지라 자연히 북경에 오래 머물 수밖에 없었다.

그래서 장계로 조선 조정에 알렸는데 주청사 일행이 오기도 전부터 탄핵이 빗발쳤다.

정인홍, 이이첨 등 대북파 수뇌들이 앞장서서 '역적으로 몰아 극형에 처해야 한다.'는 식으로 험악하게 나왔지만 임금이 극구 말려 이호민, 오억령 등은 오자마자 파직되었다.

6월 20일에는 이덕형(李德馨), 황신(黃愼) 등이 진주사로 북경으로 출발했다.

앞서 출발했던 이호민, 오억령 등과 달리 이덕형, 황신 등은 12월 17일 '좋은 소식'을 들고 와 이덕형은 내가 사임하고 난 직후 영의정이 되고 황신은 공조판서, 호조판서에 올랐다.

　새 임금 핵심지지세력이라 할 대북파들은 '임해군을 처리해야 후환을 덜 수 있다.'며 서둘렀다.
　새 임금은 '형제의 일인데 섬으로 보낼 수는 없고 따로 집을 마련하여 주변을 엄히 단속하게 하면 될 것'이라고 했다.
　대낮인데도 해가 사라져 천지가 암흑처럼 변하는 꿈을 꾸었는데 왠지 처음부터 조짐이 흉흉했다.
　선조 임금이 왕위를 물려주고 한가로이 지내려 할 때 극구 사양하던 분위기와는 실로 천양지차였다.
　새 임금은 나를 다시 영의정에 앉혔다.
　좌의정에는 허욱, 우의정에는 한응인을 앉혔다.
　선조 임금 말년의 3정승(영의정 유영경, 좌의정 기자헌, 우의정 심희수)이 모두 바뀐 것이다.
　나는 이튿날부터 '병이 깊어 소임을 다 할 수 없다.'며 사직서를 올렸다.
　44세 유희분(柳希奮), 47세 김상준(金尙寯)이 각각 우부승지, 동부승지가 되어 새 임금을 보필하게 되었다.
　대북파의 영수 원상(院相) 이산해 등이 임해군을 진도로 귀양 보내는 쪽으로 정하여 새 임금의 결재를 받았다.
　나는 병이 깊어 국사에 임하지 못해 가타부타 의견을 낼 수조차 없었다.
　그래도 병상에서 나는 조조(曹操)의 아들들끼리 이전투구하던 고사를 떠올리며 선조 임금의 혼백이나 공빈 김씨의 넋이 참으로 불행하겠다고 생각했다.

임진년(1592년) 5월 세자 책봉이후 줄곧 세자 책봉을 허락해 달라고 명나라에 요청했지만 '장자 임해군이 있는데 어째서 차자 광해군으로 건너뛰느냐?'며 거절했다.

급기야 광해군이 새 임금으로 등극하자마자 현장 조사랍시고 조사관을 파견했으니 자연히 임해군이 다시 표적이 되고만 것이다.

병이 웬만큼 나아 다시 사직서를 올리니 새 임금은 너무도 간절하게 말했다.

"조정과 민간에서 서로 축하하고 군사나 백성이 다 같이 기대하고 있는 걸 직접 확인했다. 꿈 속에서만 보던 어진 정승을 만난듯하여 여간 다행스럽지 않았다. 공평하고 충성스러우며 청렴, 정직하고 오로지 나라 걱정만 하고 있는 걸 모두가 다 알고 있으니, 덕이 적고 사리에 밝지 못한 나를 힘써 도와주어야 할 것이다."

나는 우선 국상 기간인데도 죄인을 궁궐 안에서 신문하는 것을 고쳐야 한다고 했다.

의금부나 궁궐 밖에서 신문해야 한다고 했더니 임금은 병기제조를 맡은 군기시(軍器寺)에서 신문하면 될 것이라고 했다.

나를 비롯하여 이덕형, 윤승훈, 기자헌, 심희수, 좌의정 허욱, 우의정 한응인 등이 '임해군을 진도에서 강화도로 옮기는 것이 좋겠다.'고 했지만 임금은 '먼저 정한 대로 하고 방비와 단속을 엄격히 하라.'고 했다.

임해군을 옹립하려 했다고 오해 받고 있던 고언백, 박명현 등이 군기시에 마련된 추국청(推鞠廳)에서 여러 관료들의 신문을 받았다.

선왕의 묘호를 조(祖)로 할 것이냐, 종(宗)으로 할 것이냐를 놓고 논의했다.

나를 비롯하여 다들 종(宗)이 타당하다고 했지만 후에 조(祖)로 정해졌다.

선왕의 승하를 알리고 새 임금의 등극을 허락 받으러 이호민, 오억령 등이 북경으로 향하는데 옷 색깔을 두고 논의했다.

임금은 '3정승이 정한대로 하되 때에 따라 참작해서 처리하도록 하라.'고 했다.

모든 관료들이 흰 옷에 검은 사모, 검은 뿔띠 차림으로 모화관에 나가 배웅했다.

임금은 '왜 임금과 나라와 백성을 저버리려 하느냐? 얼마가 걸리든 몸조리 잘 한 뒤 나와서 소임을 다하라.'고 했지만 나는 '6, 7년째 중병을 앓고 있어 쉽게 낫지 않는다.'며 연일 사직서를 올렸다.

나는 병을 핑계 댔지만 사실은 '없는 죄로 임해군을 죽이려 하는 못된 세력'을 보고만 있을 수 없어 물러나려 했던 것이다.

임금이 친형을 살리고자 안하니 자연히 점점 더 사태가 악화되고 있었다.

내가 출근하지 않자 임금은 아예 '각 조의 당상관들이 영의정의 집에 가서 의논해서 시행하라.'고 했다.

나는 새 임금이 들어섰으니 새 시대를 열 겸 초야에 묻힌 선비들을 중용할 것을 제안했다.

임금은 '공직에서 물러나 초야에 묻힌 이들 중 기준에 맞는 이들을 우선 발탁하라.'고 했다.

하지만 대북파의 전성시대라 임금의 지시나 3정승의 제안도 한낱 종잇조각에 불과했다.

생각 있는 관료들, 선비들, 백성들이 벌써부터 술렁거리며 불안해했다.

나는 선혜청(宣惠廳)을 설치하여 대동법에 의한 대동미와 포(布), 전(錢)의 출납을 맡아보게 했다.

거둬들이는 관리들의 농간에 허리가 휘는 백성들의 고통을 덜어주고 나라의 조세, 재정을 바로잡기 위한 대책이었다.

나는 '정한 것 이외엔 단 한 되의 곡식도 더 거둬서는 안 된다.'고 했다.

나는 이덕형, 정구(鄭逑) 등과 '임해군의 목숨만은 살려야 한다.'고 했다.

우의정 심희수가 거들자 임금은 '잘 처리하여 후세에 좋은 평을 받게 하라.'고 했다.

정경세(鄭經世)가 만언소(萬言疏)를 올려 '사치 풍조를 경계할 것과 학문에 힘쓸 것과 인물 발탁에 공정할 것'을 주문했다.

백 번 옳은 말이다.

새 임금이 들어섰다며 다들 새 기운이 샘솟기를 바라고 있다.

임금은 선왕 장례 후 특별 제사를 서두르는 인목대비의 일로 '대비가 특별 제사 지내는 일이 옳으냐?'고 물었다.

나를 비롯하여 다들 가슴이 철렁 내려앉았다.

인목대비는 임금보다 9년이나 연하로 24세 인데다 겨우 2세인 영창대군이 딸려있었다.

나는 임해군에게 몰아닥친 일들을 떠올리며 모골이 송연했다.

선왕이 원로들을 특별히 불러놓고 '어린 영창대군을 부탁한다.'고 했던 일이 바로 엊그제 같은데 벌써 괴이한 소문들이 꼬리를 물며 불길한 기운을 퍼뜨리고 있다.

내가 연이어 사직서를 올리자 우의정 심희수는 '다리를 절며 소임을 다할 수 없다.'며 사직서를 냈다.

임금은 좌의정에 허욱 대신 이항복을 앉혔지만 그도 연이어 사직서를 냈다.

8월에 세자 책봉 문제가 나오자 나는 '삼우제 후 졸곡 제사 지낸 뒤에 색깔 있는 옷을 입고 의식을 치르는 게 낫다.'고 했다.

임금은 '내상 제사 지낸 후 거행하자.'고 했다.

안성과 죽산을 산성 때문에 합쳐 안성이 피폐해지자 원래대로 두 고을로 나눠 놓기로 했다.

안성을 안정시켜 군량을 비축하게 하는 일이 중요했기 때문이다.

임금은 나와 우의정 심희수, 관상감제주 홍진(洪進)에게 길들인 말 한 필씩을 표창했다.

선왕 말년에 탁소북을 이끌며 영의정으로 위세 등등하던 58세 전주 유씨 유영경(柳永慶)이 영창대군을 등극시키려 했다는 죄로 경흥에 유배를 갔지만 '죽여야 한다.'는 주장이 빗발쳤다.

나 또한 유영경의 소행을 잘 알기에 공론을 따르지 않을 수 없었다.

임금은 '선왕의 총신이었다. 나의 스승이었다.'며 귀양살이로 끝내자고 했다.

하지만 관료들이 안팎에서 여러 날 '죽여야 한다.'고 하자 임금도 '자살하게 하라.'며 사약을 내렸다.

나보다 3년 연하로 7년 왜란에서도 크게 활약했고 이후에도 영의정을 오래 지냈지만 지나치게 당파에 치우쳐 오로지 개인의 영달만 추구한 것이 화근이었다.

유성룡 등과 같이 동인에 속했다가 다시 이발(李潑) 등의 북인에 가담하고 나중에는 소북 중에서도 탁소북(濁小北)을 이끌며 선왕 말년의 권신으로 군림하더니 결국 참화를 당한 것이다.

유생 명단인 청금록(靑衿錄)에서까지 이름이 삭제되었다.

기유년(1609년)을 맞자마자 나는 유영경의 예를 생각하며 '붕당의 폐단을 고쳐야 새 임금의 위업을 제대로 쌓을 수 있다.'고 했다.

임금은 자신이 곧 당쟁의 희생자라고 여기고 있는 터라 내 의견에 맞장구는 쳐주면서도 '딱히 묘책이 없어 고민'이라고 했다.

나는 '낭중지추(囊中之錐)라는 말처럼 사람 됨됨이는 평소의 언행에서 다 드러나게 되니 첫째는 임금이 선별에 엄격해야 하고 둘째는 당파를 짓는 이가 오히려 해를 입도록 해야 한다.'고 했다.

퇴계 이황, 율곡 이이, 남명 조식 등 양심적인 관료, 선비들이 한결같이 '붕당이 망국으로 통하는 지름길'이라고 했던 일을 떠올리며, 임금과 관료들이 특히 경계해야 할 제 1의 적이 바로 붕당이라고 꼬집었다.

대동법이 시행 반년여 만에 흐지부지될 지경에 빠지자 나는 '무슨 제도가 됐든 최소한 1년은 착실히 시행해야 장단점을 알 수 있다.'고 했다.

나는 연이어 사직서를 올렸지만 임금은 그 때마다 허락하지 않았다.

임금은 내가 23번 째 사직서를 올리자 8월 중순에야 허락했다.

임금은 사관을 보내 '병이 뿌리 깊은 줄 알면서도 오래 버티고 청을 들어주지 않아 번거롭게 한 점은 있지만, 변변치 못한 임금을 위해 꼭 필요하기에 붙들려 애를 썼다.'고 하며 '벼슬을 벗었으니 몸조리 잘 하라.'고 했다.

임금은 이덕형을 영의정에 앉혔다.

경술년(1610년)을 맞아도 나이만 먹을 뿐 낙이 없었다.

나라가 차츰 기우는 듯해 그저 새해 벽두부터 한숨만 나왔다.

기유년(1609년)에 임금이 하사한 말을 사양했지만 허락 받지 못했다.

비록 영의정의 자리에 있었지만 중국 사신이 와도 접대하지 못하고 집에서 앓고만 있었는데 웬 표창이냐고 했지만 임금은 '사양하지 말라.'고 했다.

7월에는 수양대군 세조에게 왕위를 물려주고 임금에서 서인으로 변해 영월에서 16세 생애를 마친 노산군(魯山君) 이홍위(李弘暐)와 부인 송씨를 위한 제사를 올리게 했다.

사당을 짓는 문제도 논의되었으나 임금은 우선 부인의 무덤부터 찾아 노산군과 함께 제사를 잘 지내라고 했다.

영월과 양주 두 고을 수령이 예조의 지시를 받아 제사를 지냈다.

관료들 중에는 '사당을 지어 원혼을 달랬어야 했다.'며 아쉬워하는 이들이 많았다.

11월에는 임금이 병중인 내게 내의와 약을 하사했다.

나는 병이 웬만큼 낫자 윤승훈, 우의정 심희수, 한응인 등과 함께 윤의중(尹毅中)의 죄를 벗겨 달라고 하여 임금의 허락을 받았다.

나는 '정여립의 모반으로 시작된 기축년(1589년) 옥사로 온 가족과 함께 죽은 이발(李潑) 등이 모두 신원 되었으니, 정여립과 친하고 이발의 외숙이라 하여 삭탈관작된 윤의중도 당연히 복관시켜야 한다.'고 했다.

정미년(1607년)부터 요청한 일이 경술년(1610년) 11월에야 이뤄진 것이다.

윤의중은 '공직생활하며 호남 제일의 갑부가 될 정도로 부정 축재했다.'며 전라도 유생 정암수(丁巖壽)가 탄핵 상소하여 화를 당하게 되었다.

나는 '할아버지의 일로 애써 주셔서 고맙다.'며 찾아온 윤의중의 손자 윤선도(尹善道)를 보고 깜짝 놀랐다.

23세 된 젊은 선비인데 이미 17세부터 여러 시험을 수위로 합격하여 문재를 인정받고 있었다.

나는 장차 큰 인물이 될 것을 예견하며 나라와 백성을 위하는 길에 대해 몇 마디 조언했다.

신해년(1611년)에 들어서며 임금은 행궁을 경운궁으로 개명했다.
계사년(1593년) 10월 선조 임금의 한성 환도 이후 모든 궁궐이 다 사라져 하는 수 없이 월산대군(세조 장남 덕종의 맏아들로 성종의 친형)의 집을 행궁으로 삼아 국사를 돌보는 중심이 된 이후 그저 행궁으로만 불리다가 드디어 경운궁으로 고쳐 불리게 되었다.

임금 이하 모든 관료들이 종묘에 아뢰고 심기일전의 자세를 가다듬었다.

8월이 되자 임금은 나를 또 다시 영의정에 앉혔다.

좌의정은 이덕형, 우의정은 이항복이니 3정승이 모두 이씨 성이 된 것이다.

내가 64세로 전주 이씨, 이덕형이 50세로 광주 이씨, 이항복이 55세로 경주 이씨이니 같은 이씨라도 본이 다르고 나이가 달라 그런대로 조화를 이뤘나고나 할까!

3정승의 면면만 보면 7년 대전란이 13년여 전에 끝났지만 아직도 전쟁의 상흔이 역력한 셈이다.

나를 비롯하여 다들 7년 동안의 험난한 나날로 건강을 많이 해쳤다.

나는 즉시 사직서를 제출했다.

10월에는 사직을 불허하며 임금이 사모(紗帽)와 이령(耳領)을 보냈다.

'추위를 잘 막으며 몸조리 잘 한 뒤 나오라.'고 했다.

세상에서는 '서산 정씨 정인홍(鄭仁弘)이나 동래 정씨 정창연(鄭昌衍)이 영의정이 될 것'이라고 설왕설래하다 막상 내가 다시 영의정에 오르자 '그래도 하늘이 아직 조정과 백성을 보살펴주는 모양'이라며 진심으로 반겼다.

나보다 12년 연상인 정인홍은 영창대군이 대세일 때 광해군을 비호하여 선왕 말년에 귀양을 갔는데 광해군이 임금이 되자 명실상부한 권신이 되었다.

나보다 5세 연하로 선왕과 연령이 같은 정창연은 정승을 지낸 정유길(鄭惟吉)의 아들로 판단이 정확하고 성품이 강직해서 나와 잘 맞았다.

병이 어느 정도 낫자 경연에 나갔다.

목대흠(睦大欽)이 〈상서(尙書)〉를 강론하며 '성군 탕(湯)이 폭군 걸(桀)을 대신하여 하(夏)나라를 이끈 고사'를 언급했다.

36세 임금은 '아무리 그렇다 해도 백성들이 어떻게 이리 심하게 걸왕(桀王)을 배반할 수 있느냐?'고 물었다.

목대흠이 말했다.

"탕왕은 착하기 때문에 백성이 따르고 걸왕은 착하지 않기 때문에 백성이 배반한 것입니다. 인심의 동향은 참으로 두려운 것입니다."

내가 말했다.

"백성의 도리와 신하의 도리는 분명 다릅니다. 백성은 임금이 맘에 안 들면 스스로 들고 일어나 바꿀 수 있습니다. 그러나 신하는 걸왕, 주왕을 섬기는 한이 있더라도 끝까지 절개를 지켜야 합니다. 그래서 성현들도 탕왕에 대해서는 지극한 덕(至德)으로 부르지 않고 부끄러운 덕(慙德)으로 불렀습니다. 그래서 주(周)나라 무왕(武王)이 은(殷)나라를 치는 것을 부덕(不

德한 일이라 하여 녹(祿)을 받지 않고 수양산에 숨어 고사리로 연명하다가 굶어 죽었다는 백이(伯夷), 숙제(叔齊)를 우러르는 것입니다."

임금이 다시 물었다.

"법이 제대로 시행되지 않는 이유가 무엇인가?"

내가 말했다.

"임금이 원칙을 지키지 않으니 상벌이 혼동되고 있는 것입니다. 임금이 먼저 사사로운 뜻을 벗어나 원칙을 지키면 형벌과 표창이 바로 설 것입니다. 모든 게 임금에게 달려 있기 때문에 임금이 잘못하면 모든 게 허사가 되고 맙니다. 형벌에 대한 원칙만 바로 서면 다른 것은 따라서 잘 될 것입니다."

나는 임금이 늘 말버릇처럼 하는 '인심이 착하지 않다.'는 말을 지적했다.

"임금이 늘 인심이 착하지 않다고 하니 고을 수령들도 덩달아 지방 인심이 착하지 않다고 말합니다. 난리 겪느라 인심이 전과 다르긴 해도 바른 도리로써 살던 사람들입니다. 상벌만 공정하면 바람 부는 대로 풀이 휩쓸리듯 인심도 자연히 복종할 것입니다."

임금이 말했다.

"벌을 줘도 두려워하지 않게 된 것은 내 잘못이다. 대단히 부끄럽다."

내가 말했다.

"걸핏하면 물 쓰듯이 벼슬로 상을 주기 때문에 벼슬이 천해지는 것입니다. 각자의 자질도 검증하지 않은 채 상벌을 적용하는 것도 문제입니다. 분별없이 상을 주니 받아도 고무되지 않습니다. 위에서 부탁하는 일이 많으니 담당자가 지시 받은 일보다 청탁 받은 일을 먼저 챙기고 있습니다. 임금이 사사로운 잘못이 없어야 아래에서 보고 감동되어 사사로운 일을 하지 않게 됩니다. 아래에서 드리는 말씀이 혹 듣기 거북하더라도 허심탄회하게 잘 받아들이면 간사한 자와 공정한 자를 쉽게 구별할 수 있을 것입니다. 아래에서 임금의 결함을 말하면 기꺼이 받아들여 재빨리 고치면 애초에 허물이 없을 때보다도 더욱 빛이 날 것입니다. 하나라 걸왕(桀王)에게 간언하다 죽은 관용봉(關龍逄)과 은나라 주왕(紂王)에게 간언하다 죽은 비간(比干)을 본받고자 바른 말하는 것이니, 위에서는 노여워하지 말고 마땅히 충간지사(忠諫之士)를 둔 복으로 알아야 할 것입니다."

나는 경연을 오래 폐지했던 것을 꼬집었다.

"즉위 이후 오랫동안 경연을 폐지했는데 무슨 수로 착한 선비 여부를 알겠습니까? 각자의 착한 여부에 상관없이 그저 사사로이 좋아하고 미워하는 것만으로 쓴다면 사람을 쓰고 버리는데서 반드시 잘못이 생깁니다. 만나 말을 들어보고 착한 지 여부를 알아서 쓰면 발탁된 이는 은혜를 입었으니 열심히 할 테고 발탁되지 못한 이는 기회가 오기를 기다리며 분발할 것입니다. 한데 지금은 착한지 여부를 알아보지 않고 쓰고 버리니 대체 무엇에 근거하여 쓰고 버리는지 모르겠습니다. 세자 때에 알아본 것은 그저 책을 펴놓고 학문을 논한 것뿐인데 어떻게 사람됨을 낱낱이 알 수 있었겠습니까?"

나는 눈물과 오열로 말을 잇지 못하다 한참 만에 다시 이었다.

"선왕 때는 경연이 잦아 아무도 한가로이 게으름을 피우지 못했습니다. 경연을 소홀히 하면 모든 게 허물어집니다. 선왕은 늦은 밤이건 이른 새벽이건 공적인 일이면 언제나 만나주고 언제나 즉시 결정해 주었습니다. 자연히 관료들도 잠자리에 들었다가도 아랫사람이 공무로 찾아오면 벌떡 일어나 만나게 되었습니다. 지금은 매사가 너무 늦습니다. 누적되면 자연히 졸속이 됩니다."

임금이 말했다.

"규율이 문란해 진 것은 나도 인정한다."

내가 말했다.

"경연만 부지런히 해도 규율이 설 것입니다."

임금이 말했다.

"일이 지체되는 것은 나도 안다. 선왕 때와 달리 지금은 사소한 문제들까지 들고 오기 때문이기도 하고 되도록 신중히 처리하려는 뜻이기도 하다. 긴급한 경우 제 때에 결재하려 노력하고 있다. 앞으로 명심할 것이다."

내가 말했다.

"선왕 때는 상하 관료들이 자유로이 의사소통하여 위 아래 정이통했습니다. 한데 지금은 승지마저 손님처럼 밖에 앉아 문서만 들락거리는 형편이니 상하 간에 소통이 원활하지 못해 일이 많아지는 것입니다. 상하 간에 정이통한다면 대강 통솔해도 저절로 다스려질 것입니다. 즉위 초에는 서로 바른 말을 하려 했지만 지금은 말하는 이가 없습니다. 태평성대라서 그렇다고 보십니까? 바른 말하는 이가 배척을 받는 것을 보고 다들 알아서 입을 닫고 있는 것입니다."

나는 고려왕국을 예로 들었다.

"고려 태조 왕건은 잔꾀로 건국했지만 조선왕국은 처음부터 성현들의 예절로 건국했습니다. 그래도 왕건은 간언을 따르고 참언을 멀리하면 자연히 신하와 백성의 마음을 살 수 있다고 했습니다. 이 정신이 바로 왕건 이래 5백여 년 동안의 정신이고 기맥(氣脈)이었습니다."

나는 임금의 사치와 낭비를 꼬집었다.

"지금 호조가 텅텅 비고 각 관청도 모두 동이 났는데 위에서 절약하지 않는다면 관청에서는 결국 지친 백성들에게 거둬들여야 할 것입니다. 한(漢) 문제(文帝)는 곡식이 묵어날 때도 절약했는데 요즘은 겉치레와 사치로 호조마저 감당할 수 없는 지경입니다."

임금은 '내가 오늘 큰 덕을 지닌 사람을 만났다,'며 내가 연거푸 제출한 사직서를 불허했다.

임금이 호패 시행에 대해 묻자 나는 '이미 관청에서 패쪽을 새기고 있으니 반드시 시행해야 하는데 우선 사대부들부터 먼저 차게 한 다음 온 나라에서 차례차례 차게 하는 것이 좋겠다.'고 했다.

임금이 이궁(離宮) 경운궁에서 법궁(法宮) 창덕궁으로 옮긴지 한 달여 만에 다시 옮기려 하자 나는 '궁핍한 중에도 법궁을 다시 세워 다들 이제야 모든 게 제 자리를 잡게 되었다.'고 좋아했는데 벌써 옮기면 어쩌느냐고 했더니 임금은 '본래 추위를 잘 타니 겨울이라도 나고 다시 옮기려 한다.'

고 했다.

12월에는 정온(鄭蘊)을 지방 관리로 보내려다 취소한 일을 바로잡았다.

12번째로 사직서를 내도 임금은 '몸조리 잘 하고 봄에 보자.'고 했다.

정온은 나보다 22세나 연하이지만 보기 드물게 강직했다.

나는 '소임을 제대로 하려는 이를 물리치면 안 된다.'고 임금을 설득했다.

나와 좌의정 이덕형, 우의정 이항복이 동시에 거듭해서 사직서를 내는 일을 놓고 사람들은 '나라가 어지러워질 것을 알고 사직서를 통해 임금에게 경고하고 있는 것'이라고 했다.

내시들마저도 '선왕 때는 너무 바빠 살이 붙을 겨를이 없었는데 지금은 일이 없어 피둥피둥 살만 찌고 있다.'고 했다.

문제는 더 심각했다.

임금이 점을 쳐 국사를 돌보는 통에 정사륜(鄭思倫), 이응두(李應斗) 같은 짐쟁이들이 궁궐을 드나들며 수시로 굿을 하는 통에 백성들마저 '차라리 귀신이 되면 저 놈의 굿판에 달려가서 배불리 먹을 수 있겠다.'고 했다.

10월에는 왕세자 책봉을 알리고 왕세자의 관복을 요청할 동궁고명면복주청사(東宮告命冕服奏請使)로 이상의(李尙毅), 이수광(李睟光) 등이 북경으로 출발했다.

신해년(1611년)을 대표하는 소동은 역시 성균관 유생들로 인한 일이었다. 유생들이 나서서 이언적, 이황의 문묘정사를 반대한 정인홍을 탄핵하며 유생 명부인 청금록(靑衿錄)에서 정인홍의 이름을 삭제하자 임금은 대노하며 유생들을 모조리 성균관에서 내쫓고 성균관 자체를 폐쇄했다.

당연히 성균관 유생들은 동맹휴학 즉 권당(捲堂)으로 맞섰다.

실로 일촉즉발(一觸卽發)의 시기였다.

다들 먹구름이 몰려오고 있다며 탄식했다.

그 때 영의정 이덕형과 우의정 이항복이 발 벗고 나서서 임금을 적극 설득하여 벼랑으로 내달리는 위태로운 국면을 제 자리로 돌려놓았다.

사태의 전말을 정리하면 다음과 같다.

신해년(1611년) 3월 26일 우찬성(종1품) 정인홍이 폭탄 발언을 하자 전국의 유림이 지진을 만난 듯 요동쳤다.

'이언적과 이황을 공자 사당인 문묘에 함께 모시는 것은 부당하다.'고 하자 관료들은 물론이고 성균관 유생들과 전국의 선비들이 들고 일어났다.

4월 10일 성균관 유생들은 정인홍을 유적(儒籍)인 〈청금록〉에서 삭제하고 그 사실을 방을 내걸었다.

임금은 4월 12일 '삭제한 자를 색출하라.'고 명령했다.

4월 13일 임금은 '삭제를 주동한 자를 찾아 유적에서 삭명(削名)하고 금고(禁錮)시키라.'고 명령했다. 대사성 박동열 등은 '삭제는 유생들의 공론'이라고 보고했다.

4월 14일 승정원은 '삭제한 주동자를 조사하는 일은 옳지 않다.'고 보고했다. 부제학 이이첨은 '정인홍이 스승이라 동료들과 뜻을 같이 할 수 없다.'고 보고했다.

　4월 18일 영의정 이덕형이 나서서 '지금의 소란은 정인홍이 선현을 비방한 일에서 시작되었다.'며 임금을 설득했다.

　4월 26일 성균관 유생 조희진 등이 '정인홍의 상소문을 불살라 사악한 주장을 배척하라.'고 상소했다.

　6월 15일 임금은 '정인홍의 무신년(1608년) 상소는 종묘사직과 만세의 명분을 위한 것이었다.'고 결론 내렸다.

　8월 12일 임금은 '정인홍의 유적 삭제 사실을 방으로 걸어놓은 것을 속히 떼어 내라.'고 명령했다.

　이듬해인 임자년(1612년) 7월 18일 정인홍은 자신을 변명하는 상소를 올렸다.

　같은 해 9월 5일 임금은 정인홍을 우의정에 앉히며 '정인홍이 한성에 올라올 것에 대비해 그가 묵을 집을 수리하라.'고 명령했다.

　9월 14일부터 정인홍은 사직서를 계속 올리고 임금은 '제발 한성에 머물라.'고 거듭거듭 요청했다.

　정인홍은 77세, 임금은 37세였다.

　나라는 어지러워도 해는 어김없이 바뀌어 어느새 임자년(1612년)이 되었다.

　정월에도 연이어 사직서를 내자 임금은 '임금의 친척인 원로로서 왕실과 나라에 충성을 다한 일은 하늘과 땅과 귀신이 다 알고 있는 일'이라며 불허했다.

2월에 역모사건이 터졌다.

황해 병사 유공량(柳公亮)이 보고했다.

최군(崔君)이라는 자가 임금과 6조의 인장을 위조하여 문서를 조작하고 각 도에 장수를 두었다고 했다.

비록 인주 대신 먹에 인장을 찍어 위조했지만 사태가 자못 심각했다.

추국청이 만들어져 18여 명의 중앙관료들이 참여했다.

나는 고민하는 임금에게 한 마디 했다.

"나라의 근본인 백성이 든든하지 못해 나라가 편안하지 못한 것입니다. 모든 게 해이되어 수령들이 공무를 부차적인 것으로 보고 있으니 큰일입니다. 성현들도 백성을 걱정하면 나라가 흥하지만 백성을 잊으면 나라도 망한다고 했습니다. 백성을 돌보지 않으면 당장 눈 앞에 보이지는 않아도 남모르는 속에서 사변이 있게 될 것입니다."

6월에 임금은 마침내 나의 사임을 허락했다.

10월에는 임금이 추국청 대신들에게 안장 갖춘 말 한 필씩을 주고 심희수에게는 길들인 말 한 필, 내게는 길들이지 않은 말 한 필을 하사했다.

11월 중추부영사 기자헌이 내게도 부원군 봉호 이외에 중추부영사를 겸임하게 해야 한다고 했다.

임금은 '앉는 자리 순서에 따라 비준하겠다.'고 했다.

임자년(1612년)은 광해군이 즉위한지 꼭 4년째 되는 해다.

항간에서 '쥐띠 해에 곡소리가 천지를 진동할 것'이라고 하더니 종친을 중심으로 역모사건이 터져 백여 명이 화를 당하는 일이 생겼다.

선왕 말년부터 다음 임금을 놓고 당파가 엇갈리더니 새 임금 집권 4년에 드디어 참사가 일어나고 말았다.

영창대군을 지지하던 소북파를 제거하려는 대북파의 속셈이 무고사건을 만들었다.

황해도 봉산 군수 신률(申慄)이 병역 기피자 김경립(金景立)을 붙잡아 무옥을 꾸몄다.

김경립이 각본에 따라 아버지 김직재(金直哉)의 실직(失職)에 불만을 품은 김백함(金百緘)을 주모자로 허위 자백하자, 김직재, 김백함 부자와 김직재의 사위 황보신(皇甫信) 등이 붙잡혔다.

진릉군 이태경(李泰慶)을 임금으로 삼고자 했다고 허위 자백하자, 광해군은 정미년(1607년)에 27세를 일기로 죽은 이복동생 순화군의 장인인 황혁(黃赫)이 신천(新川)에 유배되어 있었기 때문에 순화군의 아들 진릉군이 역모했다고 믿게 되었다.

진릉군 이태경을 비롯하여 이순경(李順慶), 이희경(李喜慶), 이승경(李承慶), 이득경(李得慶) 등 형제들이 모두 유배형에 처해졌다.

계축년(1613)에는 신경통이 심하여 문밖출입을 못한 날이 너무 많았다. 영의정을 지내며 국사에 혹시 잘못이 있지나 않나 하여 임금에게 글을 올려 '지난 일에 혹시 잘못이 있으면 처벌해 달라.'고 했더니, '병중에도 임금을 아끼고 나라를 사랑하는 성의를 보이니 감탄하고 있다.'며 '경계하는 말을 명심하겠다.'고 했다.

임금은 내게 부원군 봉호가 있음에도 다시 돈령부 영사 직함을 주었다.

나보다 1년 연하인 심희수는 '다들 몸져눕고 늙은 신하라고는 자신 혼자뿐이던 차에 지방의 대신들을 불렀다는 소식을 듣고 뛸 듯이 기뻤다.'고 했다.

내가 몸져누운 사이에 두려워하던 사건이 터졌다.

이제 7세인 영창대군의 목숨이 경각에 달리고 말았다.

선왕이 승하하기 2년 전에 계비 인목왕후에게서 아들을 얻자 '서자 광해군을 폐하고 적자 영창대군을 세자로 세워야 한다.'는 말이 나올 때부터 피 비린내 나는 참화가 예고된 셈이었다.

그리고 '광해군에게 선위한다.'는 선왕의 교서를 감췄다가 정인홍 등에게 들통이 나자 사약을 받고 영의정 유영경이 무신년(1608년)에 죽자, 영창대군을 옥죄는 올무는 한층 더 조여졌던 것이다.

전 영의정 박순의 서자인 박응서(朴應犀)가 같은 명문가 서자들인 김평손(金平孫), 심우영(沈友英), 서양갑(徐羊甲), 박치의(朴致毅), 박치인(朴致仁), 이경준(李耕俊) 등과 강변칠우니 죽림칠우니 하며, 여주 북한강 근처에 무륜당(無倫堂)이라는 정자를 짓고 시와 술로 세월을 보냈다.

임자년(1612년)에 조령에서 은을 거래하는 상인을 죽여 6천 7백 냥을 강탈한 일로 이듬해 계축년(1613년)에 붙잡히자 엉뚱하게도 '영창대군의 외조부인 김제남과 공모하여 영창대군을 옹립할 거사 자금을 마련했다.'고 허위 자백했다.

영창대군은 강화로 유배되고 김제남은 사사되고 도둑들은 처형되었다.

선왕의 계비이자 영창대군의 생모인 인목대비는 임금이 있는 법궁 창덕궁에서 이궁인 경운궁으로 옮겨졌다.

윤인(尹訒), 정조(鄭造), 정준(鄭遵) 같은 대북파 관료들이 앞장서서 '역적들이 대비를 부추긴 일이 드러난 이상 임금과 같이 있을 수 없다.'고 했다.

허위 자백한 박응서만 석방되자 사람들은 '전말을 알만하다.'며 탄식했다.

사람들은 임자년(1612년)에 정인홍(鄭仁弘)이 우의정이 되고 계축년(1613년)에 좌의정이 된 것이 모두 '피로 값을 치른 상(償)'이라고 했다.

이덕형이 세상을 하직했다.

나보다는 14년 연하이지만 너무도 배울 점이 많았다.

일찍이 문재가 돋보여 자그마치 44세나 많은 당대의 대학자요 대표적인 서예가인 양사언(楊士彦)과 벗처럼 가까웠을 정도였다.

7년 대전란을 온몸으로 겪느라 몸도 마음도 이미 고목처럼 메말랐을 텐데도 단짝 이항복과 함께 영창대군과 인목대비의 파수꾼이 되고 방파제가 되다가 결국 '극형에 처하라.'는 끔찍한 저주를 뒤로 한 채 쓸쓸히 사라졌다.

이덕형의 삭탈된 채 떠나는 마지막 모습과 귀양에서 풀려나 돌아오다 길 위에서 먼 세상으로 떠난 양사언의 마지막 모습이 어쩌면 그리도 쏙 빼 닮았는지…

　40여 년 관료생활 후에 남긴 재산이 없었다는 양사언이나, 조선 땅에서는 물론이고 명나라와 왜국에서까지도 훤히 다 아는 7년 대전란의 특등 공신인데도 주위의 시기로 86명이나 받는 호성공신에도 못 든 이덕형이나 어쩌면 그리도 흡사한지…

　그래도 그는 단짝 이항복이 단 두 명뿐인 호성공신 1등에 오른 것을 자신의 일보다 더 기뻐했다.

　이항복이 적극적으로 나서서 '이덕형의 공로는 1등으로도 부족하다.'고 했지만 워낙 두꺼운 반대자들의 철벽에 그도 그만 무릎을 꿇어야 했다.

　아아, 슬픈 일이다.

　아아, 너무도 서럽고 애달픈 일이다.

　백마 타고 전쟁터를 누비며 허물어져가는 나라, 쓰러져가는 백성을 위해 피를 토하듯 부르짖던 그의 사자후(獅子吼)가 아직도 귓가에 쟁쟁하다.

　갑인년(1614년) 새해를 병석에서 맞았다.

　원로 대신 심희수(중추부 판사)는 '3정승이 없이 어떻게 국사가 제대로 돌아가겠느냐?'고 말했다.

　임금은 말했다.

　"유의하겠다."

　심희수가 다시 말했다.

　"유의한다고 하지만 계속 시간만 끌면서 확정하는 지시가 없으니 큰일입니다. 이원익은 늙고 쇠약한 몸이라 제대로 일을 보지 못할 것 같습니다. 조정에 오랫동안 정승들이 없는 상태에서 전임 대신과 국사를 처리하고 있으니 중앙은 물론이고 지방까지도 다들 걱정이 태산입니다."

2월에는 아픈 몸을 이끌고 출근했다.

임금은 '어사를 파견하는 문제'를 물었다.

나(돈령부 영사)는 말했다.

"공정하고 사리에 밝은 이를 선발하여 농사철 이전에 보냈다가 돌아오게 해야 합니다. 상벌을 명백히 적용하여 흐트러진 지방행정을 바로 세워야 합니다."

심희수가 말했다.

"몰래 돌아다니며 규찰하고 적발하는 것은 국사에 이롭습니다. 어사를 파견하는 것이 좋겠습니다."

임금이 말했다.

"어사 파견을 사간원에 지시할 것이다."

임금은 각 지방에 독포사(督捕使)를 파견하여 죄인을 잡아들이는 문제를 물었다.

나는 '큰 상을 내걸고 죄인을 색출하도록 한 예는 있었지만 독포사를 파견하여 죄인을 잡아들인 일은 없었다.'고 말했다.

임금은 '다시 생각해보고 결정하겠다.'고 했다.

세상은 나날이 어지러운데 임금은 자나 깨나 '어디 죄인이 없나?' 의심만 하고 있는 것 같아 너무도 안타까웠다.

분명히 선왕의 뱃속에서 나와 선왕의 40년 긴 국사를 똑똑히 지켜보았을 텐데도 세월이 지날수록 선왕의 인애(仁愛)에서 점점 더 멀어지는 것 같아 너무 걱정스러웠다.

비보가 날아들었다.

강화에 위리안치된 영창대군이 강화 부사 정항(鄭沆)에 의해 죽고 말았다는 말에 나는 선왕의 은혜를 생각하고 인목대비의 통한을 생각하며 온종일 물 한 모금 마실 수 없었다.

겨우 8세의 어린 나이에 선왕의 뒤를 좇은 것이다.

당연히 전국에서 '강화 부사 정항을 죽이라.'는 상소가 빗발쳤다.

사간원 정언을 지낸 부사직(副司直: 종5품 무반) 45세 정온(鄭蘊)이 '강화 부사 정항을 당장 처형하고 이의(李㼁: 영창대군 이름)는 예를 갖춰 장사지내야 한다.'고 격렬한 어조로 상소를 올렸다.

임금은 나를 보자 대뜸 '역적 정온이 상소문 곳곳에 음흉한 속을 감춘 채 임금을 능멸하고 있다.'고 격분했다.

임금은 이미 결론을 내린 상태였다.

'가뜩이나 형벌이 제 구실을 못해 걱정이던 마당이니 정온의 경우처럼 임금을 욕보이고 역적을 비호하는 자는 일벌백계로 다스려야 한다.'고 했다.

나는 말했다.

"글재주가 없다보니 분수를 모른 채 되는대로 말을 만들었지만 임금을 깔보고 역적을 감싸 줄 생각이야 있었겠습니까? 성현들은 정상을 잘 살펴보고 법조문을 논의하라고 했습니다. 임금의 덕과 자애로운 마음을 보여 특별히 관대한 처분을 내려야 백성이 우러르게 될 것입니다."

중추부 판사 심희수가 말했다.

"문장만 놓고 보면 괘씸한 부분이 없지 않습니다. 하나 정온의 평소 성향으로 볼 때 무슨 별다른 꿍꿍이속이 있는 것 같지는 않습니다. 임금과 나라에 대한 충정을 표현하려다 보니 좀 거친 표현이 나오고 임금의 심기를 불편하게 한 것 같습니다. 이런 거친 표현에도 너그러이 용서했다고 하면 아마 백성들은 오래 기다리던 단비를 만난 듯 기뻐할 것입니다."

우의정 정창연(鄭昌衍)이 말했다.

"정온은 임해군 사건 때나 애초에 이의(李㼁)를 강화로 보낼 때나 은혜를 베풀어 모든 죄를 용서하는 것이 임금의 큰 덕이라고 여러 차례 호소했습니다. 이번에 강화 부사가 한 일을 놓고 격한 상소를 올린 것도 그런 맥락에서 이해할 수 있습니다. 문맥만 따져 벌을 주기보다 본신을 헤이려 용서하는 것이 임금의 큰 덕을 만천하에 드러내는데 좋을 듯합니다."

우의정 정창연은 임금의 비(妃) 유(柳)씨가 마침 누이의 딸(생질녀)이라서 평소에도 임금에게 '엄벌보다는 자애로운 모습을 보여야 대전란으로 흉흉해진 민심을 모을 수 있다.'고 조언하여 옥사가 있을 때마다 억울한 희생자가 없도록 노력했다.

임금은 정온을 잡아들여 직접 심문하겠다고 했다.

세상에서는 다들 '원로 대신들이 구름에 가려졌던 해를 다시 볼 수 있게 하려 했지만 구름이 워낙 두꺼워 소원을 이루지 못했다.'고 말하며 '연이은 옥사로 벌은 가깝고 상은 멀기만 하니 하늘이 무너질까 바깥에 못 나갔다는 기(杞)나라 사람이 남의 일 같지 않다.'고 했다.

정온의 일로 나와 정창연이 임금과 임금을 에워싼 대북파들로부터 비판을 받게 되자 52세 완산 이씨 부제학 이성(李惺)이 상소를 올려 나와 정창연을 두둔했다.

"이원익은 원로 종친이고 정창연은 왕비의 친척인데 어떻게 임금을 등지고 세상 사람들로부터 명예를 얻고자 하겠습니까? 소신이 있기에 그런 의견을 냈을 것입니다."

이성은 대북파의 중진으로 계축년(1613년)에 인목대비 친부 김제남을 처벌할 때 수고를 한 일로 임금으로부터 길들인 말 한 필을 하사받은 적이 있다.

3월에는 명나라 황후가 승하했다고 요동에서 이미 상사(喪事)를 알리는 사람이 조선왕국으로 출발했다는 말이 의주 부윤을 통해 전달되었다.

당연히 '상복을 무슨 색깔로 입느냐?'를 놓고 논의하게 되었다.

나는 '명나라 사신이 입은 옷을 보고난 뒤 옥색으로 입을지 검은 색으로 입을지 정하는 게 좋다.'고 했다.

중추부 판사 심희수는 '명나라가 조선왕국을 중국의 13성과 같게 보고 황실의 상사가 있으면 요동에서 통보하게 했었지만 요즘은 명나라도 오락가락하는 상황이니 옥색 옷을 입고 교외에서 사신을 맞이한 다음 그 옷차림으로 인정전에서 상사를 발표하는 것이 좋겠다.'고 했다.

임금은 '요동에서 원본을 베껴 갖고 올 텐데 명나라 황실로부터 직접 통보 받는 것과 다르지 않느냐? 요동에서 공연히 번거롭게 하려 사람이 오면 의주에서 잘 타이르고 잘 대접하여 보내면 될 것이다. 하나 조선왕국을 위해 특별히 사람이 온다면 평안 감사와 의주 부윤이 접반관과 역관을 엄격히 선발하여 달려가 맞아야 할 것이다. 나머지 일은 그 후에 논의하여 정하면 될 것이다.'라고 했다.

병신년(1596년)에 명나라 황태후 상사가 있을 때도 요동에서 조서를 베껴 가지고 왔기에 공표하지는 않고 온 사람만 대접해 보냈었다.

계사년(1593년)에는 마침 심우승(沈友勝) 등이 원군을 요청하러 북경에 가 있을 때 명나라 황실의 상사가 생겨 그가 조선왕국에 보고했기 때문에 이로(李輅), 이축(李軸) 등을 따로 보내 조문하게 했었다.

명나라 황실의 상사를 통보하러 오는 교관(教官)이 도착했다는 의주 부윤의 보고에 따라 조문도 하고 제사도 지낼 진위사(陳慰使)로 여우길(呂祐吉)을 북경에 급히 파견했다.

태자의 생일을 축하하러 가는 사신에게 자성(慈聖) 황태후 앞으로 토산물도 함께 보내려던 것은 '황후의 장례에 황태후 앞으로 토산물 예물을 보내는 것은 맞지 않다.'는 중추부 판사 심희수의 의견대로 생략하기로 했다.

조서를 맞아 궁전으로 돌아오는 날에는 중추부 판사 심희수, 우의정 정창연의 의견대로 '흰 옷 차림으로 통일하기로' 했다.

가뭄이 심해 기우제를 올리는 문제를 논의했다.

종묘, 공자묘, 성황당, 풍운뢰우단 등 큰 제사, 중간 제사, 작은 제사 등이 많기에 '임금의 참석 여부'가 논의의 중심이었다.

나를 비롯하여 원로들은 '재해가 심해 지내는 제사이니 임금이 참석하되 축문에는 임금의 이름을 쓰지 않고 술만 올리는 것이 좋겠다.'고 했다.

중추부 판사 심희수는 '공자 사당 제사에 임금이 참석해도 공자 신위에만 절하듯이 임금은 지극히 존귀한 몸이기에 많은 낮은 신위에 직접 다 절할 수 없다.'며 '축문에 조선왕국 임금이라고만 쓰고 임금의 이름은 쓰지 않아야 한다.'고 했다.

6월에는 강화 부사 정항(鄭沆)을 처벌해야 한다고 상소를 올려 임금의 심기를 불편하게 한 부사직 정온(鄭蘊)이 임금의 직접 심문을 받게 되었다.

임금이 물었다.

"임금이 남의 손을 빌려 죽이게 했다는 말이 참말이냐? 강화 부사 정항이 제멋대로 죽였다는 말을 어디서 들었느냐? 애초에 역모사건을 고변한 정조(鄭造), 윤인(尹訒) 등의 말에도 없앤다는 이야기가 없었는데 너는 무슨 근거로 처음부터 죽이려 했다고 했느냐? 누구의 사주를 받고 그런 흉악한 상소를 올린 것이냐? 하늘이 내려다보고 있으니 이실직고할 것이다."

영의정 기자헌이 말했다.

"미친놈인데 무슨 신문이 필요합니까? 죄로 다스리고 신문하지 않는 것이 좋을 듯합니다."

임금이 다시 물었다.

"그렇다면 신문하지 말자는 것인가?"

기자헌이 말했다.

"신문할 필요가 없다고 봅니다."

임금이 다시 물었다.

"진술을 받을 필요도 없다는 것인가?"

기자헌이 대답했다.

"진술을 받을 필요가 없다고 봅니다."

임금이 다시 물었다.

"임금을 무시하는 죄를 어떻게 신문하지 않을 수 있는가?"

기자헌이 대답했다.

"다른 대신들이 출근하기를 기다려 물어보고 하는 것이 좋을 듯합니다."

임금이 말했다.

"내 뜻은 이미 밝혔다. 속히 공술을 받을 것이다."

기자헌이 말했다.

"반역사건과는 무관합니다. 우의정 정창연이 출근한 다음 다시 물어보고 처리하는 것이 좋을 듯합니다."

임금이 말했다.

"다시 의논할 일이 별로 없다. 공술을 받을 것이다."

정온이 공술했다.

"어리석어 허망한 말을 올렸지만 임금을 아끼고 나랏일을 걱정하여 올린 것입니다. 아무리 어리석어도 어찌 제 몸은 잊은 채 죽은 이의(李㼁)를 두둔하여 제 죽음을 재촉하겠습니까? 강화 부사 정항은 의(㼁)가 병이 났어도 위에 알리지 않았습니다. 가시 울타리 안의 화롯불을 갑자기 치운 일도 의심이 갑니다. 나중에야 병이 들었다고 하고는 곧 바로 죽었다고 보고했습니다. 이런 일로 사람들은 임금의 좋은 뜻을 오해하게 되었습니다. 한나라 문제(文帝)가 회남왕(淮南王) 유안(劉安)이 죽었는데도 알리지 않은 현령들을 벌 준 것을 상기하여 정항의 죄를 그냥 지나칠 수 없다고 생각한 것입니다. 정조와 윤인이 올린 글에 국모로 대우할 수 없다는 말이 있습니다. 다만 대비를 폐위시킨다는 말은 항간에 떠도는 이야기라 상소문에 언급한 것입니다. 후세로 하여금 임금의 진심을 알게 하자는 뜻이었습니다. 의(㼁)에 대해 살아서는 죽지 않게 대우했고 죽어서는 인정과 예절로 성의를 다했다는 것을 세상이 다 알게 하자는 뜻이었습니다. 어리석어 무례한 글이 되었지 사주를 받은 일은 없습니다. 하나 위로는 임금에게 불충했고 아래로는 늙은 모친에게 걱정을 끼쳤으니 충성스럽지도 못하고 효성스럽지도 못하게 되었습니다. 임금을 망각하고 역적을 두둔한 일은 결코 없습니다."

임금이 말했다.

"참작하여 처리하겠다."

나를 비롯하여 여러 원로들이 구명하려 애썼지만 45세 정온(鄭薀)은 결국 격한 상소문 때문에 제주도로 위리안치되었다.

갑인년(1614년) 9월에는 역대 임금들의 화상(畫像)을 보존하는 일을 논의했다.

 왜란 중에 불탄 것을 거의 복구했지만 아직도 태조 대왕의 화상을 복구하지 못했다고 했다.

 다른 곳에 있는 것을 모사하여 불탄 전각을 다시 세우는 대로 안치시키게 했다.

 명나라 사신들이 줄을 잇는 탓에 접대에 드는 비용을 대려 요충지의 군량미마저 바닥이 났다고 했다.

 임금은 '강화도, 한산도 등지의 요충지에는 속히 다시 채워놓도록 하라.'고 지시했다.

 표류해온 명나라 사람들이 아주 많아 사신과 함께 북경으로 보내게 했다.

 임금은 '사신을 동행시키되 인원을 줄이고 될수록 속히 보내라.'고 했다.

 호조를 중심으로 국고가 바닥이 났다며 걱정하는 소리가 많았다.

 새 임금 즉위 후 왜란에 불탄 궁궐을 다시 짓다 보니 자연히 어려워졌지만 근래에 명나라로 가는 사신들, 명나라에서 오는 사신들 뒤치다꺼리에 더 허리가 휘게 된 것이다.

 나는 말했다.

 "이미 바닥이 난 마당에 해결을 서두른다고 무슨 뾰족한 수가 있겠습니까? 귀신이 해결해 줄리는 만무하고 결국 백성들한테서 받아내야 할 것입니다. 법대로 다 거둬들인다 해도 태반이 모자랍니다. 토산물 대신 무명을 받아도 여전히 부족합니다. 녹봉 지급을 중지하든지 은을 거둬들이든지 둘 중 하나를 빨리 시행해야 할 것입니다."

중추부 판사 심희수가 말했다.

"이제 거북 등에서 털을 깎을 수밖에 없습니다. 토산물 값으로 무명을 가져다 쓰는 문제, 녹봉 지급을 줄이는 문제, 은을 거둬들이는 문제가 모두 근본 해결책은 못 되지만 그렇다고 아무것도 안 할 수도 없는 노릇입니다."

임금이 말했다.

"녹봉 지급을 중지할 수는 없다. 줄여 지급하더라도 꼭 지급해야 한다. 은을 거두는 문제는 품계에 따라 거두되 되도록 적게 거두는 것이 좋겠다. 설날에 지급할 무명을 비용으로 돌려쓰는 게 좋겠다."

관료들의 휴가 문제가 논의되었다.

임금이 말했다.

"대간은 일반 관료들과 다르다. 대간이 휴가를 받지 않고 지방에 출입했다고 해서 일일이 파면시킬 수는 없다."

나(돈령부 영사)를 비롯하여 영의정 기자헌, 중추부 판사 심희수가 말했다.

"사헌부, 사간원의 대간들 중에도 나쁜 버릇을 못 버리는 경우가 종종 있습니다. 대간의 하는 일이 특수하므로 법조문만으로 구속할 수는 없습니다. 사정에 따라 처리해야 할 것입니다."

12월 세밑에 괴상한 일이 생겼다.

관리 집안의 아낙네가 음란한 행동을 했다 하여 문제가 되었다.

의금부에서는 '법을 다루는 세 관청이 붙잡아다 대궐 뜰에서 신문해야 한다.'고 했다.

임금은 '원로들과 논의하여 하라.'고 했다.

나를 비롯하여 원로들은 '의금부가 해결하면 될 일인데 왜 세 관청이 다 개입하느냐?'며 '정해진 규례대로 의금부가 맡아 하면 된다.'고 했다.

아낙네의 음란한 행동을 다스리는 문제는 의금부가 하게 되어 있었다.

을묘년(1615년) 정월에는 명나라에 사신을 보내는 문제를 논의했다.

명절을 축하하러 가는 성절사에게 표류해 온 명나라 사람들을 데리고 가는 일과 명 황실의 은혜에 사례하는 일을 모두 맡기자는 의견이 대세였다.

임금도 '세 가지 일을 하나로 묶어 보내는 것이 좋겠다.'고 했다.

2월 초에 내가 올린 글로 조정이 들끓었다.

'대비를 폐모시키려 한다.'는 대북파의 음모와 임금의 방관을 익히 알고 있었던 터라 목숨을 걸고 의견을 개진하지 않을 수 없었다.

후폭풍을 우려하여 은밀히 올렸지만 임금은 노발대발하며 사간원, 사헌부, 홍문관에 내려 보내 '철저히 검토하여 처리하라.'고 했다.

'어머니가 아무리 자애롭지 못하더라도 아들로서는 불효할 수 없는 것입니다. 윤리가 지극한 사이이기 때문입니다.'라며 '계축년(1613년)의 옥사가 이제 곧 대비에게 미칠 것'이라는 소문이 걱정스럽다고 했다.

임금은 즉시 '놀라고 불안하니 자세한 사정을 알려야 할 것'이라고 답했다.

나는 다시 글을 올렸다.

"대비와 임금을 떼놓은 이들이 사헌부, 사간원, 홍문관에 그대로 있습니다. 모든 말은 마음에서 우러나온 것이지 항간의 소문만 듣고 한 것이 아닙니다. 누가 시켜서 한 말이 아닙니다. 모든 책임을 질 각오로 한 말입니다."

임금은 길게 답했다.

"종실의 친척이고 원로 대신이니 한 말일 것이다. 하나 왜 나를 길가는 행인만도 못하게 보는가? 내가 무슨 죄를 졌기에 이렇게 대접하는가? 경은 후세에 좋은 이름을 남기겠지만 나의 누명은 언제 씻을 수 있겠는가? 내가 언제 불효했다는 말인가? 봉양, 문안을 빠뜨린 적이 있었던가? 그리고 사헌부, 사간원에서 내게 밀봉하여 보낸 문건이라도 혹시 있었단 말인가? 아무도 의심하지 않는데 왜 경만 나를 의심하는가? 불안해서 침식을 잊은 지 여러 날이다. 남들에게만 덕을 베풀지 말고 제발 나에게도 좀 덕을 베풀 일이다."

임금의 어조는 자못 심각했다.

나 같이 의심을 품은 이들 때문에라도 '가만히 있는 대비를 팔아서 역적질을 한 흉악한 무리들이 있었다.'는 지시문을 공포하여 전국 방방곡곡이 다 알게 하겠다고 했다.

나는 이미 가족들의 반대에도 불구하고 죽기로 작정하고 나선 일이라 물러설 수 없었다.

그래도 임금의 격앙된 심정을 헤아려 다시 글을 올렸다.

"역적과 궁녀들의 죄상을 밝히려는 임금의 뜻을 잘 알았습니다. 부모 자식 사이의 일을 들먹인 것은 그저 일반적인 이야기를 한 것뿐입니다. 허망하게 의심을 품은 일과 임금의 심기를 불편하게 한 일에 대해 용서를 빕니다. 하나 한두 명에게 책임을 전가하고 비겁하게 빠져나가고 싶지는 않습니다. 오로지 마음에서 우러나 한 말이지만 병상에 오래 있으며 두문불출한 채 일체 사람들을 접촉하지 않다 보니 자연히 우매해져 표현이 어지럽고 짧았습니다."

당장 야단이 났다.

가족들이 극구 말린 이유도 바로 조정의 그런 흉흉한 분위기 때문이었는데 결국 나의 우려나 가족들의 걱정이 맞아떨어진 것이다.

사헌부, 사간원, 홍문관이 먼저 들고 일어나 '임금을 능멸하고 관료들을 일거에 몰살시키려는 흉계이며 반드시 배후가 있을 것'이라고 몰아붙였다.

차라리 자신들을 파면시켜달라고 아우성쳤다.

마치 세상 전체가 한꺼번에 들고 일어나 나를 사방팔방에서 공격하고 저주하는 것만 같았다.

특히 계축년(1613년) 옥사에 가담된 대북파 관료들이 살벌하게 굴었다.

윤인, 정준을 비롯하여 순창의 유생 신상연(申尙淵) 등이 극렬하게 탄핵했다.

내가 4도체찰사로 내려가며 종사관으로 동행한 남이공(南以恭)이 나를 뒤에서 조종한 사람으로 지목되어 함께 공격을 받고 있었다.

오래 같이 붙어 다닌 데다 경자년(1600년)에 내가 구명해 준 적이 있어 '부자지간처럼 한밤중에도 무시로 드나든다.'고 모함했다.

임금은 처음에는 '처벌할 수야 있느냐?'며 뜨뜻미지근하게 굴었다.

하나 내가 '계축년(1613) 옥사를 일으킨 자들이 아직도 사간원, 사헌부, 홍문관에 버젓이 눌러 앉아있다.'고 한 구절을 들어 '중죄로 다스리지 않으면 몽땅 물러나겠다.'고 연일 상소를 올렸다.

심지어는 내가 우의정 정창연(鄭昌衍)과 같이 '강화 부사 정항을 처벌하라.'는 상소로 제주도로 귀양 간 부사직 정온(鄭蘊)을 비호했다고 임금도 '그 때부터 알아보았다.'고 하고, 나를 공격하는 자들도 일제히 '역적을 두둔할 때부터 이미 흉계를 꾸미고 있었다.'고 극렬하게 공격했다.

임금은 내가 '원로 대신이면서도 일개 시골 선비의 잘못을 비호했다.' 며 '뒤에서 부추긴 자가 분명 있을 텐데도 저렇게 죽으면 죽었지 말할 수 없다고 하니, 반드시 끝까지 조사하여 처리해야 인심을 감복시킬 수 있을 것이다.'라고 했다.

계축옥사(1613년)의 일등 공신인 51세 유희분(柳希奮)은 '남이공(50세)이 이원익을 사주했다는 것은 맞지 않다.'며 '이원익이 여러 차례 체찰사를 지냈는데 부하로 일한 사람이 왜 남이공뿐이겠느냐?'고 했다.

사헌부, 사간원에서는 합세하여 이번에는 '무신년에 새 임금의 지위가 위태로울 때는 양떼처럼 우르르 빠져나가더니, 이제 와서 할 말하는 것처럼 군다.'고 심하게 공격했다.

"역적을 살려주어야 한다고 했습니다. 정온 같은 간사한 자를 두둔했습니다. 사주하는 말만 믿고 임금을 모함했습니다. 평소에 청렴한 척, 조심하는 척한 것은 모두 세상을 속이고 명예를 낚으려는 수단이었습니다. 대체 무슨 명성이 있다고 용서할 수 없는 죄를 경솔히 용서하겠습니까? 벼슬을 빼앗고 도성 밖으로 내쫓아야 합니다. 갑인년(1614년)에 역적들의 소행을 낱낱이 밝혀 추후 재발이 없게 경고하자는 취지로 지시문을 공포하라는 어명이 있은 후, 남이공은 이원익의 집을 몰래 찾아가 상소문을 올리도록 사주했습니다. 이원익의 자제들이 눈물을 흘리면서 말렸지만 그래도 말리지 못한 것은 남이공이 시종여일 부추긴 탓입니다. 빨리 먼 곳에 귀양을 보내 외부와의 왕래를 금지시켜 화근을 막고 조정을 안정시켜야 합니다."

3월 9일에는 성균관 유생들의 상소문이 올라왔다.

3월 14일 임금은 '처벌은 안 된다.'며 남이공의 벼슬만 뗐다.

3월 21일 임금은 나에 대해서도 삭탈관작과 성 밖 출송을 명했다.

생원 홍무적(洪茂績)이 글을 올렸다.

정조(鄭造), 윤인(尹訒), 이위경(李偉卿)을 세 역적으로 몰아붙이며 나를 비호했다.

진사 정택뢰(鄭澤雷)가 글을 올렸다.

정조, 윤인, 이위경이 가장 먼저 '대비 폐위를 들먹였다.'고 하며 나를 두둔했다.

'종묘사직에 죄를 졌는데 어떻게 모친 대우를 하느냐? 종묘사직에 관계를 끊어야 할 죄악이 드러났는데 어떻게 앞으로 국모로 대우할 수 있느냐?'고 먼저 말한 것이 바로 세 역적이라고 했다.

탄핵하다 도리어 탄핵 당한 이들로부터 참소당해 죽은 북송(北宋) 말기 진동(陳東)을 거론하고, 춘추시대 제(齊)나라 환공(桓公)의 딸로 노(魯)나라 장공(莊公)의 부인인 애강(哀姜)이 음란하고 잔혹하여 장공의 후계자인 자반(子般), 민공(閔公) 등을 차례로 죽이다가 후에 독살당한 일을 거론하며 격렬하게 상소했다.

세 역적이 저희들이 하는 일을 과장할 때는 진동의 일(陳東之事)을 들먹이고 대비를 비방할 때는 애강의 일(哀姜之事)을 들먹였다는 것이다.

생원 곽유도(郭有道)는 홍무적, 정택뢰를 싸잡아 공격하며 '이원익만 구하면 남이공은 저절로 살릴 수 있다고 여겨 이원익만 구명한 걸로 이미 남이공이 사주했다는 것이 백일하에 드러났다.'고 했다.

4월 5일 임금은 나를 중도부처(中途付處)시켜 한 곳에 머물러 있게 하고 남이공은 삭탈관작했다.

그래도 줄기차게 탄핵이 이어지자 임금은 마침내 6월 23일 나를 홍천으로 유배 보냈다.

내가 유배를 떠난 뒤에도 사임하겠다고 임금을 압박하며 '이원익의 노망과 남이공의 사주'라고 아예 사사건건 토를 달며 공격했다.

8월에 임금은 희한한 말을 덧붙였다.

'남이공은 입으로는 달콤한 말을 하지만 심보는 흉악하며 행동은 개돼지와 같다. 이원익을 부추겨 흉악한 글을 올리게 하여 입에 담을 수조차 없는 말로 임금에게 죄를 덮어씌우고 종묘사직에 죄를 졌다.'고 했다.

임금은 사헌부, 사간원의 요청에 따라 나를 두둔했던 유생 홍무적, 정택뢰를 유적(儒籍)에서 아예 삭제하게 하여 벼슬길을 영영 막았다.

30세 김효성(金孝誠)은 고부천(高傅川), 김태우(金太宇) 등 24인과 함께 정조, 윤인, 이위경 등을 목 베고 나를 다시 불러올려야 한다고 상소했다가 길주(吉州)로 유배당하고 뒤에 진도로 이배되었다.

나를 비호하는 글만 올라오면 역적으로 몰아붙이는 탓에 자연히 무수한 유생들이 희생당하게 되었다.

나로 인해 화를 당하는 일이라 유배지에 앉아서도 마음이 늘 불편했다. 멀건 나물죽을 먹어도 가시를 삼킨 듯 목에 자꾸 걸렸다.

사악한 무리들의 농간은 끝이 없는지 '대북파들이 인목대비의 폐비를 추진하고 있다.'는 사실을 입에 올리기만 해도 해를 입었다.

이이의 문인으로 병조판서를 지낸 심충겸의 조카인 심경(沈憬)은 '좌의정 정인홍 등이 폐비를 추진한다.'는 사실을 대사헌 한찬남(韓纘男)에게 알리며 '이럴 수는 없는 일 아니냐?'고 했는데 오히려 자신이 무고죄로 옥살이하다 57세에 죽었다.

기축년(1589년)에는 정여립 모반 사건에 연루되어 이발(李潑) 형제가 처형되자 장사지낼 사람이 없는 걸 알고 자신이 손수 시체를 거둬 장사지내주었는데, 그 일로 부령에 유배 되었다가 왜란이 발발하자 대사령으로 풀려났다.

평생 숙부 밑에서 공부만 하다가 56세에 첫 벼슬로 동몽교관(童蒙敎官)이 되었는데 타고난 의협심이 발동한 것이 화근이 되고 말았다.

이경원(李敬元), 이극해(李克諧) 등도 심경과 공모했다고 하여 처벌받았다.

신경희(申景禧)가 양시우(楊時遇), 김정익(金廷益), 소문진(蘇文震) 등과 모의하여 능창군(綾昌君) 이전(李佺)을 왕으로 추대하려 했다는 무고가 일어나 또 다시 피바람이 불었다.

신경희(申景禧)는 왜란 초에 도순변사로 전사한 신립(申砬)의 조카이자 평산부원군 신잡(申磼)의 아들인데 계사년(1593년) 2월 중순에 있었던 권율의 행주산성 대첩보를 의주 행재소에 가장 먼저 알려 유명해졌다.

원래 공명심이 좀 지나쳐 을사년(1605년)에는 중앙에 올리는 보고서를 날조한 것이 드러나 삭직된 적이 있었다.

6년 만에 죄가 용서되어 신해년(1611년)부터 다시 관직에 나왔는데 4년여 만에 다시 무고에 얽혀 장살(杖殺)되고 말았다.

10월에도 성균관 유생 이점(李蔵) 등이 글을 올려 나와 남이공의 죄를 더 엄히 다스리고 비호하려 한 현문(顯文), 허국(許國), 무적(茂績) 등을 참형에 처하라고 했다.

관료들이나 유생들의 격한 상소문에 좌의정 정인홍이 일일이 대응하며 전체를 조율하고 있다는 말이 세상에 파다했다.

정인홍은 세밑에 임금에게 글을 올렸다.

"이원익의 글에 화답한 자들은 사사로운 앙심을 품고 간사한 음모를 꾸민 자들입니다. 대역죄인이 된다는 사실을 잊은 채 화답하고 있는 것만 보아도 이들이 오랫동안 불철주야 틈을 엿보고 있었다는 것이 명약관화합니다. 임금의 가까운 친척 하나를 중벌에 처하지 못하는 것이 무슨 인정이란 말입니까?"

병진년(1616년)을 유배지 홍천에서 맞았다.

29세 성균관 유생 윤선도(尹善道)가 '병진소(丙辰疏)'를 올려 세상을 깜짝 놀라게 했다.

'병진년(1616년)에 올린 상소'인 셈인데 그 내용이 격렬하여 입소문을 타고 전국 방방곡곡에 퍼져나갔다.

무신년(1608년) 이래의 내로라하는 권신들을 희대의 간신들로 내몬 셈이다.

이이첨(李爾瞻), 박승종(朴承宗), 유희분(柳希奮) 등 윤선도의 글 속에 등장한 인물들은 하나같이 사람들의 조롱거리가 되고 말았다.

결국 권신들과 임금의 미움을 받게 되어 함경도 경원으로 유배를 가게 되었지만 형조판서를 지낸 그의 조부 윤의중(尹毅中)을 잘 알기에 남다른 마음으로 사태의 추이를 지켜보았다.

그의 조부 또한 정여립의 모반 사건을 처리하는 과정에서 희생된 이발(李潑)의 외숙이라는 이유로 삭탈관작되었다가 경술년(1610년)에 복권되었다.

조부에 이어 손자까지 정쟁의 희생양이 되는 것만 같아 마음이 아팠다.

인목대비 생부이자 선조 임금의 사돈인 연흥부원군 김제남이 계축년(1613년)에 이미 죽었는데 3년이 지나 다시 추가로 죄가 드러나 무덤을 파헤치는 부관참시를 당했다는 말을 듣고 하늘을 가득 메운 먹구름만 하염

없이 쳐다보았다.

7세 된 영창대군을 해치려니 자연히 외조부이자 대비의 생부인 김제남 일족을 표적으로 삼게 되었다.

한 마디로 대비의 친정이 쑥대밭이 된 것이다.

아들들이고 사위들이고 종들이고 모두 끌려와 지독한 고문을 받았다.

29세 대비는 친정 부모를 포함하여 일족이 멸문지화를 당했다고 하자 혼절하여 의식이 없는 채로 참극을 맞았다.

대북파는 대비의 건강을 위한다며 아예 내의녀(內醫女)를 약방에 두고 숙직하게 했다.

대비는 계축년(1613년) 6월 4일 생부 김제남이 사사된 지 3일째에 비보를 듣게 되었다.

병진년(1616년), 대비는 이제 폐모론이 들끓는 와중에 또 다시 생부 김제남의 시신이 헤쳐지는 비보를 접하게 된 것이다.

7월 하순부터 '김제남을 추형(秋刑)하라.'는 상소가 빗발치더니 9월 초에야 부관참시가 이뤄졌다.

그 긴 기간 동안 대비는 가슴만 치며 식음을 잊은 채 몸져누웠다.

10년 폐모 추진 장기 계획이 완료된 무오년(1618년) 10월 중순, 대비의 생모이자 김제남의 처 광주 노씨는 제주도 유배지로 떠나야 했다.

김제남의 막내아들 김선(金瑄)은 '20세 미만은 처형할 수 없다.'는 규정에 의해 고문만 당하고 풀려났지만 14세 어린 나이인데도 '나도 같이 죽여 달라.'고 상소를 올렸다.

이경석(李景奭)과 함께 김장생(金長生) 밑에서 수학할 때 이경석은 늘 '김선의 재주를 따를 수 없다.'고 했단다.

이경석은 정사년(1617년) 과거에 급제했지만 무오년(1618년) 폐비 주장 상소에 가담하지 않았다 하여 삭적(削籍)되었다가 6년 뒤 대북파의 시대가 끝난 뒤에야 다시 과거를 볼 수 있었다.

어쨌거나 재주가 출중했던 대비의 막내 동생은 15세 어린 나이에 기구한 생을 마쳤다.

대북파의 전횡이 막을 내린 뒤에야 제주도로 쫓겨 갔던 생모 노씨가 달려와 혼인도 안 한 채 죽은 막내아들의 원혼을 위해 37세 나이로 죽은 장남 김내(金琜)의 차남 김군석(金君錫)을 시켜 제사 지내게 했다.

그래도 다행스러운 일은 김내의 장남이자 김제남의 장손인 김천석(金天錫)이 겨우 9세 어린 나이인데도 용케 중으로 변장하여 도망친 뒤 11년 동안이나 전국을 떠돌아다니다 대북파의 피의 숙청이 막을 내린 뒤에 세상에 나왔다.

조부와 생부를 비롯하여 계축년(1613년) 참화에 희생된 조상들을 위해 사당을 짓고 홍산, 홍천, 금성, 마전 등지의 자애로운 목민관으로 가는 곳마다 인애(仁愛)를 아낌없이 보였다.

대비의 친정이 그래도 69세 천수를 누린 장손 김천석에 의해 면면히 이어질 수 있었으니 그 또한 천우신조라 아니할 수 없을 것이다.

03

조선왕국과 나의 70대

03 조선왕국과 나의 70대

정사년(1617년)을 유배지에서 맞으며 감회가 남달랐다.

이제 내 나이 벌써 70살이다.

당나라 시인 두보(杜甫)는 '70살까지 사는 것은 예부터 드물었다.'고 했는데 어느새 내가 그 드문 수명복을 누리게 된 것이다.

그 유명한 이백도 환갑을 갓 넘겼고 두보는 환갑도 채 못 넘겼는데 나는 그 두 사람보다 재주는 까마득하게 뒤떨어져도 나이만으로는 이미 십여 년을 앞선 셈이다.

홍천 하늘을 우러르며 7년 왜란을 곱씹는 것만으로도 하루해가 너무 짧다.

평양성 탈환전에서 내 칼에 쓰러진 왜놈들을 생각하면 아직도 치가 떨리지만 그래도 인간인지라 가끔은 악몽에 시달리기도 한다.

피투성이가 된 얼굴이야 별로 떠오르지 않지만 고막을 찢는 포성과 혼백을 훑을 듯한 조총 소리는 전쟁이 끝난 지 벌써 20여 년 가까이 되는데도 어제 일처럼 생생하다.

홍천 겨울의 그 거센 바람소리를 듣고 있노라면 문풍지에서도 비명이 들리고 싸락눈 내리는 소리에서도 신음이 들린다.

유배 생활이 어느덧 2년째이니 이제는 어느 정도 익숙해 질만도 한데 마음이 여릴 때는 가족에게 가 있고 마음을 단단히 먹을 때는 나랏일 살피며 동분서주하던 한창 때로 돌아가곤 한다.

전국 도처에서 유생들이 와서 학문을 주로 토론하고 가지만 이상하게도 마음 한 구석은 늘 부평초 같고 맨 줄이 풀린 빈 배 같다.

4월 27일 홍의장군 곽재우가 별세했다.

광해군 시대에는 그도 느끼는 게 있었던지 거의 관직을 사양한 채 학문에만 전념했다.

광해군 시대의 권신 중의 권신인 정인홍이 임자년(1612년) 11월 1일 낙향하며 곽재우를 등용하라고 제안할 정도로 그의 가치는 광해군 시대 때도 변함없이 빛났다.

계축년(1613년) 6월 21일 전라 병사로서 '선조 임금의 유지를 생각해서라도 나이 어린 영창대군을 해치지 말아야 한다.'는 상소를 올리고 낙향한 것이 마지막으로 한 일이었다.

나는 체찰사로 동분서주하던 시절에 그를 여러 차례 만나 왜국에 대한 정세도 논하고 때로는 학문에 대한 궁금증도 토론했었다.

강하면서도 한없이 부드러운 사람이었다.

엄할 때는 칼끝 같다가도 측은지심이 발동할 때는 금방 필부처럼 순해졌다.

임금은 4월 28일 장례에 필요한 물품을 지급하고 예관을 보내 제사 지내게 하더니 6월 4일에는 예조 정랑 유약(柳瀹)을 보내 정성을 다해 제사 지내게 했다.

37세 유약은 내가 잘 아는 유몽인(柳夢寅)의 아들인데 아들 유약이야 대북파의 꾐에 빠져 폐모론에 앞장섰지만 아버지 유몽인은 그저 방랑생활하며 〈어우야담(於于野談)〉 같은 책이나 썼는데 계해반정(1623년) 직후 '역모를 꾀한다.'는 유응형(柳應泂)의 무고로 부자가 함께 처형당했다.

나는 '성혼에게 쫓겨난 유몽인'이라며 다들 기피할 때도 그의 재주가 워낙 아까워 '젊을 때의 경거망동이야 지금쯤 다 사라졌을 것 아니냐? 세상에 둘도 없는 재주꾼을 젊은 날의 한 번 실수로 조롱하면 안 된다.'며 적극 두둔했었다.

나는 성혼이 원래 다른 것은 다 좋은데 호, 불호가 너무 엄격해서 스스로도 은둔을 더 좋아했지만, 유몽인 같은 제자를 내쫓아 평생 한이 되게 한 측면도 있었다는 것을 너무 잘 알기에 특히 그를 더 안쓰럽게 여겼었다.

곽재우가 없는 세상을 안타까워하며 7년 왜란의 영웅호걸이 또 하나 사라졌다며 온종일 가슴 아파했다.

7월 21일에는 7년 왜란 이후 두 번째 회답사 일행이 왜국을 향했다.

정미년(1607년)의 첫 회답사로는 여우길, 경섬, 정호관 등이 가서 전쟁 이후의 왜국 현황도 정탐하고 포로로 잡혀 오도 가도 못하던 조선 백성들도 많이 데리고 왔다.

사실상의 국교 회복이었던 셈이다.

정사년(1617년)에 두 번째 회답사 일행이 7월 21일 대마도에 도착하여 대판(大坂)으로 향할 준비를 했다.

오윤겸(吳允謙), 박재(朴梓), 이경직(李景稷) 등이 1월 중순부터 준비하여 6개월여 만에 대장정을 시작한 것이다.

회답정사 오윤겸은 '사신 일행들이 온갖 물자를 사 갖고 오는 것을 금하자.'고 제안했다.

왜국의 오만이 극에 달한 상황이라 엄격한 교린(交隣)이 필요하다고 했다.

두 번째 회답사 일행은 4개월여 만인 11월 중순에 포로 되었던 150명을 데리고 돌아왔다.

임금은 12월 말에 회답사 일행을 격려했다.

오윤겸과 박재는 가자(加資)하여 품계를 올리고 종사관 이경직 이하는 시상(施賞)하라고 했다.

풍신수길의 가문이 덕천가강의 강호막부(江戶幕府)에 멸망당한 왜국 내전이 끝나기를 기다렸다가 두 번째 회답사를 파견했다.

갑인년(1614년)부터 을묘년(1615년)까지 치열하게 벌어졌던 '오사카 전투'가 끝나기를 기다렸던 것이다.

119

강호막부에 의해 풍신수길의 가문이 멸문지화를 당한 것은 물론 그의 묘마저 폭파되었다고 했다.

10년 이상 걸려 풍신수길의 잔당이 뿌리까지 숙청되었다고도 했다.

나는 7년 왜란에 짓밟히고 쓰러져간 백성과 나라를 생각하며 흔히 말하는 사필귀정이란 말을 되새겨 보았다.

어쨌거나 하늘이 큰 판을 조정해 줘야 세상 질서가 비로소 제 자리로 돌아가기 마련이다.

그 차갑고 단단하던 얼음도 봄볕 한 번이면 자취도 없이 사라지지 않는가!

11월에 영의정 50세 행주 기씨 기자헌(奇自獻)이 임금에게 글을 올리며 내 이름을 거명했다.

을묘년(1615년)에 내가 귀양살이 떠난 일을 들먹이며 그 당시 사헌부, 사간원, 홍문관 등에서 한 목소리로 올린 대목을 특히 강조했다.

"조정에서는 본래 임금을 우러르지 않는 마음이 없었습니다. 이원익이 노망하여 함부로 말하면서 악명을 임금에게 돌렸기 때문에 잠시 소동이 있었을 뿐입니다. 이원익은 비록 임금에게 충성을 다한 사람이었지만 죄를 짓고 떠났습니다. 온 나라 사람들은 이제 임금이 우순(禹舜)과 같은 덕을 지녔다고 말합니다. 큰 성인의 덕을 지닌 임금이라며 모두 흠모합니다."

무오년(1618년) 새해는 심희수가 보낸 서신에 답장을 쓰는 일로 시작했다.

'〈주역〉을 주로 탐독한다니 나라 운세도 좀 보고 내 운세도 좀 살펴서 언제 한 번 귀띔이나 해 달라.'고 썼다.

이제는 다들 세상을 떴기 때문에 벗이라고는 그저 일송(一松) 심희수뿐이다.

오래 사는 것이 복인지 욕인지는 오래 살아 봐야 안다더니 옛 어른들 말씀이 구구절절 옳기만 하다.

어느새 71세가 되고 보니 세상에서 멀찍이 떠밀린 듯 허전할 때가 많다.

그리운 벗들은 다 떠나고 홀로 덩그러니 남아 세상을 지키고 있는 것 같아, 마치 무너진 성터를 공연히 맴돌고 있는 이상야릇한 파수꾼 같은 느낌이 들 때도 있다.

정엽(鄭曄)은 정사년(1617년)에 대북파를 중심으로 폐모론이 수면 위로 올라오기 시작하자 양양 부사를 자원하여 나갔다가 무오년(1618년) 1월 28일 대비전을 '서궁'으로 부르게 하고 대비 호칭을 없애게 하자 55세의 나이로 아예 공직생활을 접고 여주로 낙향했다.

임금은 '폐출'이니 '폐모'니 하는 그 '폐'자 자체를 절대 거론하지 말라고 했지만 무오년(1618년) 내내 중앙 관료들, 지방 관료들, 전국 유생들의 '폐출 주장' 상소가 이어지고 심지어는 '죽여야 한다.'는 상소까지 올라왔다.

좌의정 한효순, 우의정 민몽룡을 비롯하여 15명의 중앙고위직자들은 '서궁폄손절목(西宮貶損節目)'을 지어 임금에게 올리기도 했다.

세상이 시끄러울 것을 미리 내다본 정엽인지라 일단 외직으로 나갔다가 그것마저 구차하게 여겨 아예 공직생활을 접고 낙향한 것이다.

정엽은 내가 곧 귀양생활을 끝내게 될 거라며 '그 때는 여주에서 함께 지내며 왜란과 귀양살이에서 덕지덕지 붙은 몹쓸 딱지들을 강물에 말끔히 씻어 보자.'고 했다.

5월 13일 이항복이 62세를 일기로 유배지 함경도 북청에서 별세했다는 소식에 며칠 동안 혼이 나간 듯 좁은 집안을 돌고 또 돌았다.
너무 서럽고 슬퍼서 잠시도 가만히 멈춰 있을 수 없었다.
선조 임금의 으뜸 총신으로서 영창대군, 인목대비의 든든한 울타리가 되어주다 대북파의 전횡에 무너져 그 먼 유배지로 떠나더니 영영 돌아오지 못할 곳으로 간 것이다.
정사년(1617년) 12월 18일부터 무오년(1618년) 1월 6일까지 자그마치 유배지 하나를 놓고도 6번을 갈팡질팡했다.
용강, 흥해, 창성, 경원, 삼수, 북청…
광해군 시대의 난정(亂政)을 한 눈에 알아볼 수 있는 대목이 아닐 수 없다.
그가 유배지에서 세상을 뜨자 조정은 5월 18일 서둘러 관작을 회복하고 예의를 다해 장례를 치르도록 했다.
이산해의 사위 이덕형과 권율의 사위 이항복은 세상이 다 하는 단짝이었다.
선조 임금 대의 명실상부한 소하(蕭何)와 장량(張良)이었다.
실제로 선조 임금은 가끔 '이덕형과 이항복을 소하와 장량에 견준다면 누가 소하이고 누가 장량이겠느냐?'고 묻곤 했다.

아아, 참으로 애석하다.

이덕형이 계축년(1613년) 10월 9일 삭탈된 채 52세의 파란만장한 생애를 마쳤는데, 이제 또 그의 단짝 이항복마저 머나먼 유배지에서 영영 못 올 곳으로 떠났으니 이제 조선 땅에는 소하(蕭何) 같은 살림꾼도, 장량(張良) 같은 전략가도 다 사라진 것이다.

죽은 후의 추증과 복권이 대체 무슨 소용인가!

7년 대전란에서 나라와 백성을 구한 큰 별들이 너무도 외롭게 사라졌다.

나는 두 사람의 이름을 번갈아 부르며 아이처럼 엉엉 소리 내어 울었다.

무오년(1618년) 8월 남대문에 격문을 붙인 사건이 일어났다.

사건의 중심에 하필이면 나와 절친한 허성(許筬)의 막내 동생 허균(許筠)이 있어 비록 귀양살이 중이지만 귀추에 노심초사했다.

맏형인 허성도 나를 만나면 21세 연하인 막내 동생 걱정을 많이 했다.

기인(奇人) 기질이 있어 유학이 지배하는 조선왕국 풍토에서는 모난 돌이 되어 해를 입기 십상이라고 걱정했다.

아니나 다를까, 계축년(1613년)에 서자 출신이 중심이 된 옥사가 일어나 가까이 지내던 서양갑(徐羊甲), 심우영(沈友英) 등이 처형당하자 얼른 이이첨 등 대북파에 편승했다.

폐모론에 앞장을 서다 폐모 반대자들과 팽팽히 맞서더니 기어이 영의정 기자헌과 틈이 벌어져 결국 기자헌을 귀양살이하게 했다.

결국 스스로 묘혈을 판 것이 되어 기자헌(奇自獻)의 아들 기자격(奇俊格)

으로부터 '남대문 격문의 진짜 주동자는 바로 허균'이라는 공격을 받게 되었다. 허성의 걱정대로 허균은 49세에 능지처참 당했다.

나는 손녀사위가 마침 양천 허씨 집안의 허목(許穆)이라서 자연히 허균의 생부인 허엽(許曄)이나 허균의 둘째 형 허봉(許篈), 그리고 명나라에까지 유명했던 그의 누이 허난설헌(許蘭雪軒)에 대해 관심이 많았다.

문재를 타고났으니 차라리 산중에 은거하여 학문에 집중했더라면 당쟁에 휘말리지 않아 천수를 누릴 수 있었을 텐데 그만 안타깝게도 역적이 되고 말았다.

나는 임자년(1612년)에 64세를 일기로 별세한 허성(許筬)을 생각하며 먼 하늘만 하염없이 바라보았다.

한 배에서 나와도 어찌 그리 서로 다른지…

날벼락이라는 말이 있는데 나도 잘 아는 영천 이씨 이재영(李再榮)이란 이가 바로 그런 예다.

명나라에 보내는 외교문서를 다루는 사람이라 승문원의 터줏대감이었다.

허균과 친하다는 이유로 남대문 벽서는 바로 그가 지었다는 의심을 받게 되었다.

헛소문으로 드러나 무사했지만 이조판서를 지낸 영천 이씨 이선(李選)의 서자라서 과거를 볼 수 없다가, 왜란 중에 정한 군공절목(軍功節目)에 따라 왜적의 수급(首級)을 바쳐 전공을 세운 덕에 46세 되던 기해년(1599년)에 정시문과에 장원했다.

그래도 출신이 천하면 관직을 주지 않고 승문원의 한이학관(漢吏學官)으로 삼는 예에 따라 한이학관이 되었다.

병오년(1606년)에 7년 왜란을 마무리 짓기 위한 회답사로 여우길(呂祐吉)이 왜국에 갈 때 동행할 기회가 있었지만 중국과의 외교문서를 담당할 전문가라 자리를 비울 수 없어 포기했다.

어쨌거나 65세에 역적으로 몰려 목숨이 한동안 촌각에 달려 있었던 셈이다.

10월에 대사헌을 지낸 이조참판 56세 완산 이씨 이성(李惺)이 사임을 요청하며 임금에게 글을 올리는 가운데 남이공과 내 이름이 거명되었다.

그는 허균(許筠)의 무리들이 일으킨 역모 사건이 마무리 단계에 있다고 하면서 '큰 은혜를 베풀고 있는 지금 이원익과 남이공의 죄도 용서해 줄 만한 사정이 있으니 다 같이 죄명을 벗겨 주기 바란다.'고 했다.

임금은 '알았으니 사임하지 마라.'고 했다.

그는 이산해(李山海), 정인홍(鄭仁弘), 이이첨(李爾瞻) 등과 함께 대북파에 속해 광해군을 대신하여 영창대군을 옹립하려 했던 소북파의 영수 유영경(柳永慶)의 옥사에 깊이 관여한 공으로 계축년(1613년)에 정운공신(定運功臣) 3등에 책록되고 완계군(完溪君)에 봉해졌다.

무오년(1618년)은 선왕 선조 임금이 승하한지 꼭 10년째이고 새 임금 광해군이 즉위한지 어언 10년이 되는 해다.

58세 광주 이씨 이이첨(李爾瞻) 등 대북파 수뇌들은 선왕의 승하 이전부터 계획하던 일을 마침내 마무리 지었다.

인목대비의 존호를 없애고 경운궁을 서궁으로 개명하여 유폐시킴으로써 폐모 추진 10년 장기계획을 마침내 완수한 것이다.

무신년(1608년) 2월 14일 임해군(臨海君) 이진(李珒)을 진도로 귀양 보낸다고 결정했다가 6일 만인 2월 20일 강화 교동도로 바꿔 위리안치시키기로 하자, 3월 2일 마침내 임해군은 강화 교동도에 갇혀 있게 되었다.

6월 16일에는 명나라 사신이 와서 장남인 임해군을 놓아두고 왜 차남인 광해군이 왕위에 올랐는지 현장 조사를 한다고 하여, 임해군을 급히 한성으로 데리고 왔다가 절차가 끝난 뒤 다시 6월 20일 강화 교동도로 보냈다.

광해군보다 한 살 위인 동모형제 임해군은 이듬해(1609년) 4월 29일 35세를 일기로 사사되었다.

무신년(1608년) 9월 5일 경흥에 유배되었던 전 영의정 유영경(柳永慶)을 사사하는 등 영창대군을 옹립하려던 소북일파를 대거 숙청했다.

임자년(1612년) 2월 하순 김직재(金直哉)·김백함(金白緘) 부자의 무옥(誣獄)을 일으켜 선조의 손자 진릉군(晉陵君) 이태경(李泰慶: 선조 6남 순화군에 입양됨) 등을 죽였다.

황해도 봉산 군수 신률(申慄)이 붙잡은 병역 기피자 김경립(金景立)이 각본에 따라 '아버지 김직재의 실직에 불만을 품은 김백함이 역모의 주모자'라고 허위자백하자, 대북파는 김직재, 김백함 부자와 김직재의 사위 황보신(皇甫信)을 고문하여 결국 김백함으로부터 '진릉군 이태경을 왕으로 옹립하려 했다.'는 거짓 자백을 얻어내는데 성공, 영창대군을 옹립하려던 소북파를 일망타진하게 되었다.

계축년(1613년) 4월 하순 강도죄로 잡힌 박응서(朴應犀) 등을 사주, 영창대군을 옹립하려 했다고 무고하게 하여 영창대군을 서인(庶人)으로 강등, 강화도에 위리안치시키고 영창대군의 외조부 김제남(金悌男) 등을 사사했다.

4월 25일 박응서가 '영창대군의 외조부 김제남이 영창대군을 왕으로 옹립하려 역모를 꾀하는데 거사 자금을 마련하려 강도질했다.'고 무고했다.

5월 22일 성균관 유생 이위경, 윤인, 정조 등을 앞세워 인목대비를 공격하게 했다. 안에서는 무당들을 불러 저주 굿이나 하고 밖으로는 역모자들과 내통하는 인목대비는 속히 폐출시켜야 한다는 주장이었다.

6월 1일 영창대군의 외조부 김제남이 사사되고 그의 세 아들들과 사위 한 명이 장살(杖殺)되자 영창대군이 위태로워졌다.

6월 21일 여염집으로 일단 내보낸 뒤 7월 26일 강화도로 위리안치시켰다.

갑인년(1614년) 정월 13일 정항을 강화 부사에 임명하자, 그는 2월 10일 8세 영창대군 이의를 살해했다.

병진년(1616년) 11월부터 정사년(1617년) 내내 인목대비 폐모 주장, 폐출 주장이 줄을 이었다.

무오년(1618년) 정월 28일 대비의 존호를 없애고 서궁(西宮)에 유폐시켰다.

83세 정인홍은 영의정이 되어 한성에 있든 고향 합천에 있든 무신년

(1608년)에 시작된 새 시대의 명실상부한 중심이 되었다.

사람들은 정인홍의 막강한 위세를 두고 '멀리서 조정의 권세를 좌지우지한다.'하여 '요집조권(遙執朝權)'하는 위치'로 풍자했다.

기미년(1619년) 새해에 이상한 꿈을 꾸었다.

돌아가신 부모님이 유배지 홍천 초가집에 들러 텃밭에 풀을 뽑기도 하고 틈이 생긴 울타리를 손보기도 하며 '아무래도 이엉을 다시 얹어야겠다.'며 내게 사다리를 가져오라고 시켰다.

사다리 있는 집을 찾으러 온 동네를 쏘다니다 꿈을 깼다.

꿈에 뵌 부모님의 눈부신 옷이 꿈 속에서도 뵙기 좋았는데 꿈을 깨고 나서도 온종일 그 개나리꽃 닮은 샛노란 색이 눈에 어른거렸다.

나는 속으로 '꿈에서일망정 그리운 부모님을 뵈었으니 올 한 해는 두 분 음덕으로 조금은 편할 것 같다.'고 생각했다.

산중에서 잠시 짬을 내서 나왔다는 노승은 텃밭을 일구는 나를 보더니 '물 한 그릇만 달라.'며 불쑥 들어와 아예 툇마루에 털부럭 앉았다.

"노승께서는 어디서 오시는 길이시오?"

"중이 산 빼놓고 어디 갈 데가 있겠습니까? 귀한 분이 내려와 계시다기에 인사나 올리려 무례를 무릅쓰고 이렇게 불쑥 찾았습니다. 부디 너그러이 받아주십시오."

"이미 고희를 넘기신 것 같은데 무척 강건해 보이십니다."

"산속 중이야 그저 자나 깨나 산만 바라보고 있으니 겉이나 속이나 세

파에 쫓길 일이 별로 없지요. 그래서 늙어도 기운이 좀 남아 있기 마련인 것 같습니다. 한데 오리 대감께서는 웬 일로 이리 훤하십니까? 마치 구름 속에서 방금 나온 보름달 같습니다. 분명 좋은 꿈을 꾸셨거나 조만간 좋은 일이 있으실 징조 같습니다."

"죄를 짓고 귀양살이하는 늙은이에게 무슨 좋은 일이 있겠습니까? 그저 금년은 날씨 덕, 하늘 덕으로 백성이 편해져서 자연히 나라가 좀 안정되기만을 빌 뿐입니다. 나는 이미 하늘이 주시는 복을 넘치게 누린 몸입니다."

"아닙니다. 설익은 노승이 보기에는 분명 새 해가 묵은 해를 밀어내고 새 하늘, 새 세상을 열어야, 백성이 좀 눈물을 거두게 되고 나라도 조금씩 굴 속에서 나오게 될 것 같습니다. 노승이 이 기름기 빠진 손가락으로 짚어보고 연기 쐰 눈으로 내다보아도 이미 천지신명이 새 농사를 짓기 시작하고 하늘이 새로운 기운을 일으키기 시작한 것 같습니다. 틀림없이 새 해가 떠서 새 하늘을 열게 되고 그렇게 되면 오리 대감께도 질풍노도(疾風怒濤)의 세월이 다시 찾아오게 될 것입니다."

"허허, 호호백발 늙은이인 걸 다 알면서 웬 희롱이십니까? 7년 대전란이 엊그제인데 다시 또 나라와 백성이 풍전등화 신세가 되어서야 되겠습니까? 노승께서는 무얼 갖고 그러시는지 모르나 만일 그런 징후가 있다면 노승께서 앞장서서 막아주십시오. 허허, 말을 하다 보니 갑자기 생각나는 게 있습니다. 갑신년(1604년)에 입적하신 휴정과 경술년(1610년)에 입적하신 유정이 생각납니다. 두 분 이외에도 임진년(1592년)에 금산에서 장렬히 전사한 영규(靈圭), 나라와 백성을 위해 공을 많이 세우고도 다 부질없다며 뜬구름처럼 자취를 감춘 처영(處英)이 새삼 그립습니다. 나라와 백성이 천 길 낭떠러지에 매달려 있을 때 정말 큰일을 하셨지요. 난리가 나도 피할 곳이 있었을 텐데 굳이 전쟁터를 찾은 것은 분명 호국(護國)의 일념 때문이었을 것입니다. 노승을 뵈니 전란 중에 목숨을 바친 그 많은 스님들이 더욱 그립습니다."

"우선 태어난 땅, 먹이고 입혀 키워준 땅에 정성을 쏟아야 하기에 그렇게들 고생을 하셨을 겁니다. 노승이야 그저 목탁이나 두드리며 절밥이나 축낼 뿐이지만 오리 대감께서 그립다고 하신 고승들은 정말 대단한 분들이시지요. 어쨌거나 해가 뜨면 날이 바뀌는 것은 같아 보여도 다른 해라는 뜻입니다. 그러니 새 해가 뜬다, 새 세상이 된다는 말은 어쩌면 자연의 이치이고 순리이지요. 오늘 이렇게 세상이 다 우러르는 자애로운 오리 대감을 뵈었으니 자그마한 노승의 자취로 다시 한 번 말씀드립니다. 분명 금년부터 몇 년 동안만 필부처럼 지내시다가 조만간 새 해가 떠서 새 하늘이 열리면 세상이 오리 대감을 기어이 찾게 될 것입니다. 그 때 노승의 설익은 귀띔을 기억하셔서 세상의 부름에 즉시 답하시면 됩니다. 허허, 벌써 절밥 축낼 시간이 되었습니다. 그래도 절에 가야 밥을 먹으니 이만 일어서겠습니다."

나는 나라와 백성을 위해 목탁 대신 칼과 창을 들었던 휴정, 유정, 영규, 처영 등 내가 전란 중에 알게 된 호국의 화신들을 다시 떠올리며 노승을 따라 동네 입구까지 함께 걸었다.

기미년(1619년) 3월 2일 명나라 무순(撫順) 살이호(薩爾滸) 근처에서 7년 왜란 이후 최대의 전투가 벌어졌다.

7년 왜란을 지원하느라 그나마 웬만큼 모아두었던 국력이 거의 쇠잔해진 명나라와 7년 왜란에서 빚을 단단히 진 조선왕국이 다시 한 번 연합하여 이번에는 명나라 영토 안에서 전쟁을 벌이게 되었다.

만주 벌판을 통일한 건주 여진이 노이합적(奴爾哈赤: 누르하치)이라는 걸출한 지도자를 만나 마침내 명운이 다해 가는 명나라를 넘보게 된 것이다.

조선왕국은 명나라의 지원 요청에 떠밀려 도원수 강홍립과 부원수 김경서에게 1만 3천여 군사를 주고 가서 싸우게 했다.

'가서 싸우는 척하되 여차하면 후금에 항복하여 사실은 어쩔 수 없이 참전한 것이라고 알리라.'는 임금의 밀명을 받고 기미년(1619년) 2월 21일 압록강을 넘어 명나라 영토로 출병했다.

도원수 강홍립과 부원수 김경서의 1만 3천 조선군은 왜란 중에 조선에 출병했던 명장 유정(劉綎)과 양호(楊鎬)의 지휘를 받으며 전두산, 우모령을 거쳐 관전(寬甸)방면에서 명나라의 9만여 대군과 합류, 동가강(佟佳江)을 따라 회인(懷仁)에서 노성(老城)으로 향했다.

심하(深河)에서는 우세한 듯했지만 살이호(薩爾滸) 전투에서 대패했다.

조선군은 선천 군수 김응하(金應河), 운산 군수 이계종(李繼宗)을 비롯하여 8천여 명의 전사자를 냈다.

명나라군은 장수 314명, 군사 4만 5천여 명, 말 2만 8천여 필의 막대한 손실을 입었다.

조선왕국 조정은 3월 14일 도원수 강홍립의 종사관 정호서로부터 패전 소식을 접했다.

임금이 비망기(備忘記)로 은밀히 명령한 일임을 모르는 관료들은 일제히 '오랑캐에게 투항한' 강홍립, 김경서 등의 직명 삭제와 가속 구금을 줄기차게 요청했다.

비변사, 승정원 등 조선왕국 조정의 핵심기구에서조차 임금의 밀명을 전혀 눈치 채지 못했다.

4월 2일, 4월 3일 '오랑캐에 투항한 장수 급부터 처벌하자.'는 비변사와 승전원의 요청에 끄떡도 안 하던 임금은, 4월 8일 비변사가 '명나라 장수를 통해서라도 강홍립 등의 투항 사정을 상세히 파악해 보자.'고 해도 역시 움직이지 않았다.

그래도 군사에 관한 전권을 쥐고 있는 비변사는 4월 13일 '투항한 강홍립 등을 통해 후금의 동태라도 은밀히 파악하여 보고하게 하자.'고 임금을 압박했다.

관료들은 절대 포기할 수 없는 일이라 6월 6일 사헌부, 사간원이 나서서 '강홍립 등의 가속 구금을 허락해 달라.'고 했지만 임금은 여전히 불허했다.

7월 14일 심적 부담을 느낀 강홍립은 후금 진영에서 한 통의 보고서를 올렸다.

'비겁하게 목숨이나 연장하자고 투항한 것이 아니라 후금과 조선왕국의 관계를 좋게 만들어 보려 전략상 항복한 것'이라고 했다.

관료들은 '변명에 지나지 않다. 후금에 대한 정보는 쥐똥만큼도 없다.'며 격분했지만 임금은 태연하기만 했다.

7년 왜란에서 귀에 익고 낯이 익은 명장 유정, 양호, 이여백 등이 나선 전쟁이었다.

후금을 건국하여 명나라를 옥죄는 노이합적(努爾哈赤: 누르하치)과 그의 아들 황태극(皇太極)이 직접 참전한 큰 전쟁이었다.

이로써 명나라의 만력제(萬曆帝) 시대는 이듬해 경신년(1620년) 8월 18일 암울한 속에서 막을 내리게 된다.

임신년(1572년)부터 경신년(1620년)까지 48년 동안 통치하며 가장 중요한 시기에 조선왕국을 왜국의 침략으로부터 구해 주었다.

그리고 후금이라는 깃발 아래 뭉친 건주 여진은 조명연합군을 한꺼번에 물리침으로써 명나라의 임종이 가까웠다는 사실과 조선왕국이 겉으로는 명나라를 상국(上國)으로 섬기지만 속으로는 은근히 후금을 대륙의 신흥세력으로 인정하고 싶어 한다는 그 속내를 훤히 다 알게 된 것이다.

광해군이 본 대로 후금은 병인년(1626년) 9월 30일로 노이합적(努爾哈赤)의 시대를 마치고 황태극(皇太極)의 시대를 열어감으로써 명나라는 물론이고 조선왕국까지 그 발 아래 놓게 된다.

4월에 의금부에서 죄인 대장을 정리하며 '공신 및 왕실과 연고가 있는 대신으로 한때 죄를 짓고 훌륭한 임금의 시대에 벼슬길이 막힌 지 오래된 사람들은 특별히 은전을 베풀어 헌신하게 하면 어떻겠느냐?'고 물었다.

임금은 '이원익, 남이공, 이귀(李貴), 조희일(趙希逸), 전벽(田闢), 이익(李瀷) 등은 내가 이미 알고 있다.'고 답했다.

5월 중순에는 임금의 특별 지시가 떨어졌다.

'귀양 중이거나 중도 부처된 경우는 고향으로 돌려보내고, 도성 밖으로 내쫓긴 경우는 모두 석방할 것'이라고 했다.

그러면서 '이원익 이하의 사람들도 모두 이와 같이 처리할 것'이라며 나와 남이공 등 14명을 고향으로 보내주었다.

나보다 1년 연하로 21세 연하인 허균과 중국 야사에 나온 조선왕국 건국 문제로 논쟁하다 도성 밖으로 축출된 전 중추부 판사 심희수는 자유의 몸이 되었다.

그는 내게 종종 서신을 보내 한성 남쪽 둔지산(屯之山)에 은거하여 〈주역〉에 흠뻑 빠진 채 시나 읊고 있다고 했다.

워낙 해박하여 다들 '걸어 다니는 서고(書庫)'라고 했다.

명종 비(妃) 인순왕후 청송 심씨의 사촌 동생이기도 한 그는 무신년(1608년) 이후 득세하기 시작한 대북파의 폭정에 누구보다도 용감하게 맞섰다.

임해군을 극형에서 구하려 했지만 수포로 돌아갔다.

이항복, 이덕형 등과 함께 영창대군을 보호하려 했지만 뜻을 이루지 못했다.

영창대군이 죽자 '강화 부사 정항을 참수하라.'고 주장하다 역적으로 몰릴 뻔한 정온(鄭蘊)을 적극 변호하여 제주도 귀양으로 그치게 했다.

나나 심희수나 결국 의로운 이를 구하려다 해를 입은 셈이다.

선조 임금이 승하하고 가뜩이나 나라가 위급하고 당쟁은 극심한 상황이라, 그는 좌의정으로 새 임금을 받들고 나는 영의정으로 새 시대를 한 번 잘 열어보고자 했었다.

나는 꿈에 뵌 부모님을 가슴에 안고 유배지 홍천을 떠났다.

나는 여주로 향했다.

유배에서는 풀렸지만 '집으로 돌아가도 좋다.'는 완전 방면은 아직도 멀었다고 스스로 생각하여 그리운 벗이 있는 여주로 향했다.

나보다 16년 연하였지만 수몽(守夢) 정엽(鄭曄)은 한사코 내게 '여강 가에서 낚시나 하며 왜란과 벼슬살이와 귀양살이에서 덕지덕지 붙은 때를 좀 씻어 보자.'고 했다.

내가 72세이고 그는 이제 56세이니 다정한 형제처럼, 한가로이 노니는 벗들처럼 살면 좋을 것 같아 그가 부르는 여주로 정했다.

율곡(栗谷) 이이(李珥)가 인정한 신동, 우계(牛溪) 성혼(成婚)이 인정한 천재가 바로 정엽이다.

무수한 기담을 남기고 무인년(1578년)에 홀연히 사라진 토정(土亭) 이지함(李之菡)이 인정한 조선왕국의 수재가 곧 정엽이다.

정미년(1607년)에 별세한 이정형은 '정엽이 바로 이이, 성혼을 합친 사람'이라고 했다.

이이의 높은 학문과 성혼의 남다른 기개를 한 몸에 지녔다고 했다.

어쨌거나 너무 오래 살아 스스로 죄인이 된 나만 달랑 남겨두고 다들 서둘러 떠난 빈자리에 마침 정엽 같은 소중한 벗이 대신 들어서게 되어 '이 아니 좋은가!'라는 감탄사를 연발하고 있다.

이정형은 생활이 곤궁하여 스스로 지방 목민관을 전전했지만 정엽은 당쟁으로 소란하고 흉흉하기만 한 중앙 조정을 스스로 박차고 전국 곳곳의 목민관으로 긴 세월을 보냈다.

서천, 수원, 나주, 종성, 성주, 정주, 홍주, 양양 등이 바로 그가 선정을 베풀어 임금으로부터는 표창을 받고 백성으로부터는 우러름을 받은 곳들이다.

다리 없는 말이 퍼져 온 백성이 '우리도 제발 초계 정씨 수몽 정엽 같은 목민관 좀 맞이하게 해 달라.'고 소원할 정도였다.

그래도 사람은 악연을 피할 수 없는지 자신보다 4년 연하인 기자헌(奇自獻)과의 서운한 일이 화근이 되어 종성 부사로 있을 때인 계묘년(1603년) 10월 하순, 북쪽에서 처내려온 외적을 물리쳐 큰 전공을 세웠음에도 삼척 월송포로 유배를 떠나야 했다.

정인홍이 스승인 성혼을 배척하며 성혼의 제자인 정엽을 임인년(1602년)에 종성 부사로 좌천시켰는데, 얄궂게도 종성에서 일이 잘못되어 유배를 가게 된 것이다.

유배를 떠나는 일에서도 혼선이 있어 처음에는 부산 동래로 보내려던 것이 갑자기 삼척 월송포로 변경되었다.

전날에 기자헌이 이조 좌랑(정6품)에 추천되자 극구 반대한 것이 악연의 시초가 된 것이다.

갑오년(1594년) 5월에는 이정형은 홍문관 부제학이고 정엽은 홍문관 부수찬이었는데, 정엽이 이정형의 친형인 전라 감사 이정암이 '왜놈들과의 화친을 주장한다.'고 비판하여 잠시 주위를 놀라게 하기도 했다.

다행히 이정형이나 정엽이나 '명나라가 왜국의 봉공을 받겠다고 허락하여 강화를 맺어서는 절대 안 된다.'는 입장에서는 똑같았다.

경술년(1610년)에 충청 감사로 나갔다가 그 후 중앙으로 복귀하여 여러 직책을 거친 후 도승지가 되었는데, 임자년(1612년) 9월 10일 '임금이 경연을 소홀히 해서는 안 되니 속히 시행해야 한다.'고 했다가 호조 참의로 강등되기도 했다.

다시 참판에 올라 계축년(1613년) 2월 말에는 도승지로 복귀했다.

하나 대북파가 영창대군을 해치려는 음모를 꾸미자 이를 세상에 밝히고자 상소문을 계획했지만, 모친이 극구 만류하여 계축년(1613년) 6월 도승지 사직으로 방향을 바꿨다.

겨우 7세 된 영창대군을 처벌해야 한다는 사헌부, 사간원의 빗발친 요청은 계축년(1613년) 7월 24일부터 본격화되었다.

기해년(1599년)에 갑산 부사를 지내고 기유년(1609년)에 수원 부사를 지낸 정항은 갑인년(1614년) 1월 13일 영창대군이 위리안치된 강화 부사로 전근한다.

그리고 부임한 지 한 달도 채 안된 2월 10일 영창대군이 살해된다.

3월 3일 강화 부사 정항은 자신을 해명하는 상소를 올린다.

병진년(1616년) 8월 19일 황해 병사로 신분이 변한 정항을 임금이 알현한다.

무오년(1618년) 9월 27일 사헌부가 전 황해 병사 정항의 삭탈관작을 요청한다.

하지만 그 해 12월 24일 임금은 '정항을 용서해 주어라.'고 전교(傳敎)를 내린다.

효성이 지극하여 지방 목민관을 전전한 이유도 바로 부모님 공양에 도움이 된다는 것이었는데, 모친의 만류로 정면 대결을 피하고 사직이라는 소극적 저항을 한 정엽은 정사년(1617년)에 폐모론이 수면 위로 올라오자 '부모님 공양'을 이유로 양양 부사로 나갔다.

하나 무오년(1618년)에 마침내 폐모 추진 음모가 구체화되자 공직에 대한 꿈을 접고 여주로 낙향하여 부모님 공양과 학문에 힘썼다.

기미년(1619년) 5월 중순에 내가 홍천에서 여주로 옮길 수 있게 되었으니, 그야말로 정엽의 인생행로와 나의 인생 험로가 묘하게 조화를 이룬 셈이다.

경신년(1620년) 8월에 명나라 황제 만력제가 57세를 일기로 승하했다.

7년 왜란에서 조선왕국을 구원해 준 고마운 황제였다.

명나라 천자주의(天子主義)와 조선왕국 사대주의(事大主義)가 만난 결과이지만, 그래도 속을 들여다보면 만력제의 한결같은 의지가 구원의 중심에 있었기에 조선왕국이 결과적으로 큰 은혜를 입을 수 있었다.

선조 임금과 만력제의 재위 시기나 기간도 각각 41년 동안과 47년 동안으로 굉장히 긴 것조차도, 7년 왜란을 극복하는데 음으로 양으로 큰 도움을 주었을 것이다.

명나라 조정이 정변에 휘말렸거나 조선왕국 조정이 대혼란을 겪으며 역성혁명으로 급반전했더라면, 그 중간에서 왜국의 막강한 무력과 침략적 잔혹성만 엄청난 어부지리를 누렸을 것이다.

만주족의 본격적인 남진마저도 만력제 승하를 전후하여 가시화되었으니, 그야말로 조선왕국에는 장거정의 개혁정치와 만력제의 장기 집권이 크나큰 행운이 되었던 셈이다.

건주여진 추장 57세 누르하치가 만주 홍경(興京)에 도읍을 정하고 태조라 칭하며 후금(後金)을 세운 일이 바로 병진년(1616년)이니 만력제 승하 4년 전이다.

선조 임금을 중심에 놓고 보면 명나라 만력제, 왜국 풍신수길, 후금 누르하치가 한 시대의 큰 판을 좌우하며 유비, 조조, 손권이 되기도 하고 춘추전국시대의 군웅할거를 재현하기도 했던 셈이다.

무오년(1618년) 인목대비 폐비론 본격 등장 이후 둔지산(屯之山) 밑 초막에서 〈주역〉 공부에 매달린 일송(一松) 심희수는 7년 왜란 초에 내게 말했다.

"북은 물이고 남은 불이지. 물이 먼저 내려오면 불로 막을 수 없지만 왜란은 분명 불이 먼저 일어나 북의 물을 넘본 것이라 결국에는 물이 불을 끄게 될 거야. 임진년(1592년), 계사년(1593년)에는 먼저 일어난 불이 늦게 흐르기 시작한 물을 세차게 밀어내겠지만 갑오년(1594년)부터는 죽 젖먹이 짐승들 해로 이어지니 그런대로 견딜 만할 거야. 정유년(1597년), 무술년(1598년)은 날짐승에서 땅짐승으로 넘어가는 시기라 남쪽의 불길이 다시 성하겠지만 무술년(1598년)만 잘 넘기면 불기운은 완전히 잦아들게 될 거야."

지나놓고 보니 그가 짚은 대로 돌아간 것 같아 왜란이 끝난 뒤 다시 물어보았다.

"뭔가 알고서 그렇게 말한 건가, 아니면 그저 한 번 해 본 말이 어쩌다 맞은 건가?"

"세상이 아무리 복잡하게 돌아가도 비가 와야 살고 불이 있어야 사는 것처럼 결국 세상 이치는 물과 불로 빙글빙글 돌아가는 셈이지. 부모에게서 자식이 생기는 것과 같고 낮과 밤이 만나야 하루가 되는 것과 같아. 조선반도의 위치로 보아도 언제나 대륙 세력과 섬 세력 사이의 변화부쌍에 좌우될 수밖에 없는 운명이지. 알 만한 사람들은 왜국의 사정이 제후국 차원에서 중앙집권 식으로 넘어가는 통일 전쟁이 10여 년 이상 이어질 때부터 조만간 왜국이 조선반도와 대륙을 넘보게 될 걸 내다봤지. 숨이 차면 내뱉어야 하고 속이 부글거리면 위로 냅다 토하거나 밑으로 냅다 쏟아내야 하잖나? 왜국은 안에서 저희끼리 죽게 생겼으니 밖으로 튕겨져 나온 거야."

"명나라가 조선왕국을 도와 왜국으로부터 구해준 일이나 풍신수길이 무술년(1598년) 초가을에 죽은 일은 어떻게 봐야 하나?"

"하늘이 돕고 땅이 도운 거지. 망해 가는 명나라가 장거정(張居正)이라는 독특한 인물을 만나 10년 동안 국고가 튼튼해진 덕분에 만력제의 조선 구하기가 효험을 본 거지. 독선적이지만 황제의 스승이었으니 웬만한 딴소리에 꿈쩍도 않고 10년 수렴청정을 한 거야. 그 사이에 바닥난 국고가 가득 차고 그래서 그 많은 변방 군사력을 유지하며 임진년(1592년)까지 온 거지. 결국 조선왕국에는 단비가 되고 왜국에는 물벼락이 된 거야."

나는 심희수의 말을 들으며 '실세' 재상 장거정의 10년 개혁정치를 다시 생각해 보았다.

임신년(1572년)부터 경진년(1580년)까지 8년을 집권한 뒤 57세에 죽으며 10년분의 식료와 4백 만 냥의 잉여금을 축적했다니 실로 대단한 수완이 아닌가!

어쨌거나 명나라 제일의 재상으로 통하는 이가 7년 왜란으로부터 조선왕국을 구하는 토대를 만들어놓았다는 사실에 다시 한 번 놀라지 않을 수 없었다.

정축년(1577년) 그의 개혁정치가 한참 돛을 올릴 때 부친이 별세했지만 복상 중에 모든 계획이 수포로 돌아갈 것을 염려하여 아예 복상을 건너뛰었다.

나는 특히 그의 일조편법(一條鞭法)이 눈에 띄었다.

정확한 토지 측량으로 파악한 자료를 근거로 삼아 '토지에 근거하여 은으로만 세금을 내게 한 일'이 국고를 단시일 내에 채우고 문란한 국정을 바로잡는 단초가 된 것이다.

사후 1년 뒤인 계미년(1583년)에 사후 처벌을 받아 멸문지화를 당했지만 명나라가 몇 십 년 더 명맥을 유지하는 데나 조선왕국이 왜국의 침략으로부터 벗어나는 데나, 그의 개혁정치는 실로 두 마리 토끼를 잡는 고마운 수단이 된 것이다.

신유년(1621년)을 맞으며 내 나이가 74세라는 사실에 새삼스레 놀랐다.

나는 나와 함께 20대, 30대를 관료로서 활동했던 이들을 하나하나 되돌아보았다.

하나 같이 이미 다 고인이 되었지만 기억이란 참으로 묘해서 내 마음 속, 내 머릿속에는 아직도 청년, 장년의 모습으로 생생히 남아있다.

나와 같은 종친이라 특별히 가까웠던 이로(李輅)는 나보다 11년 연상이었지만 늦게 과거를 보아 출발은 나와 비슷했다.

갑인년(1614년)에 78세를 일기로 별세했으니 천수를 그래도 넉넉히 누린 셈이다.

70세 넘은 정2품 이상 문관들을 예우하려 만든 기로소(耆老所)에 들어갔다 하면 그래도 보기 드물게 긴 생애를 산 것이 된다.

그를 기리는 문집마다에서 '검소했다. 온화했다. 수신제가는 물론이고 관료로서의 공적 생활에서도 아무도 흠결을 말하지 않았다.'는 글이 이어졌다.

나보다 8년 연상인 최경창(崔慶昌)은 계미년(1583년)에 44세의 짧은 생애를 마쳤지만 소년기부터 신비로운 점이 많았다고 한다.

을묘년(1555년) 왜란이 일어났을 때 퉁소 소리 하나로 왜구들을 스스로 물러나게 했다는 신기한 이야기가 늘 붙어 다녔다.

하지만 관운은 없었던지 좌천, 사직, 복직, 참소, 시비에 휘말리며 중앙과 지방을 오가다 종성 부사에서 성균관 직강(정5품)으로 갑자기 변경된 탓에 급히 상경하다 경성 객관에서 별세했다.

임금이 특진시켰지만 관료들이 부당하다 하여 상경하던 참이었다.

하나 그 길지 않은 생애 중에도 문재가 워낙 뛰어나 이이, 송익필 등에 견줘지고 당시(唐詩)에 출중하여 백광훈(白光勳), 이달(李達) 등과 3당시인(三唐詩人)으로 불렸다.

나보다 2년 연상인 심충겸은 졸지에 망국적 당쟁의 불씨가 되었다.

임신년(1572년)에 그의 형 심의겸이 김효원과 맺게 된 악연이 3년 후 을해년(1575년)에 그에게 돌아와 급기야 동인, 서인으로 관료들이 갈라져 국익보다는 당리당략에 놀아나게 되었다.

이조(吏曹) 정랑(정5품)과 좌랑(정6품)을 전랑(銓郎)으로 불렀는데 관료들을 천거하고 전형(銓衡)하는 권한을 가진 데다 전임자가 후임자를 추천, 교대하는 식이었다.

김효원이 전랑에 오르는 것을 심의겸이 반대했는데 다음에는 심충겸이 전랑에 오르는 것을 김효원이 반대하다 보니, 심충겸이 서인 심의겸, 동인 김효원으로 갈라지는 불씨가 되었던 것이다.

우의정 노수신, 부제학 이이가 나서서 심의겸, 김효원을 연거푸 외직으로 내보내며 당쟁의 화근을 막아보려 했지만, 임금의 조정까지 무력해질 정도로 망국적 붕당 정치로 치달았다.

벼슬길이 잘 하면 개인과 나라에 이득이 되나 잘못하면 나라도 망치고 자신도 망친다는 사실을 두 사람은 뒤늦게야 깨달았을 것이다.

김효원은 10여 년 한직에 머물다 임금의 특명으로 영흥 부사로 재직 중 58세에 별세했다.

심의겸은 이이가 살아있을 때는 적극 변호해 줘 괜찮았지만 이이가 세상을 뜨자 그 즉시 파직되어 52세에 별세했다.

심충겸은 그래도 왜란 초에 임금을 호종하고 세자를 호위하며 군량 마련에 힘쓰다 갑오년(1594년) 49세에 별세했다.

황윤길과 김성일을 생각하면 애통한 마음에 그저 한숨만 나온다.

황윤길이 김성일 보다 겨우 2년 연상이니 따지고 보면 동갑내기와 같다.

한데도 경인년(1590년), 신묘년(1591년)에는 이미 붕당의 폐해가 깊어질 대로 깊어진 때라 파벌에 한 번 속하면 국익보다는 당연히 당리당략을 앞세우기 마련이었다.

왜국이 10여 년 이상 피 비린내 나는 통일 전쟁을 치러 두 사람이 통신사로 2백여 명을 이끌고 대판(大阪)의 풍신수길을 만났을 때는 이미 전운(戰雲)이 감돌았을 텐데도 당파 때문인지 아니면 조선왕국이 침략을 당할 운명이었는지, 그 중요한 시기에 두 사람의 의견이 너무도 달랐다.

황윤길은 대비해야 한다고 했지만 힘없는 서인에 속했고, 김성일은 대비할 필요 전혀 없다고 했지만 힘 있는 동인에 속했다.

자연히 대세는 김성일의 '괜찮다.'는 쪽으로 기울고 말았다.

꼭 1년 뒤 왜란이 터져 파죽지세로 한성이 위협 받게 되자 임금과 관료들과 백성은 하나같이 김성일과 동인을 욕했다.

그 결과 왜란이 터졌을 때 경상우병사로 있던 김성일은 '당장 한성으로 압송하라.'는 명령이 떨어져 올라오는 도중에 유성룡 등 퇴계 이황의 제자들이 적극적으로 나서서 구명하여, 결국 직산에서 다시 경상우도 초유사 겸 순찰사로 내려가게 되었다.

가는 곳마다 '그 위급한 시기에 정세 한 번 잘 살폈다.'는 비난에도 불구하고 소임을 다하다 계사년(1593년) 55세에 병사했다.

황윤길은 임금으로부터 '그 때 귀담아 듣지 않아 정말 후회막급'이라는 말을 듣고 땅을 치며 통곡했다.

왜적이 조선왕국을 다 집어 삼키고 대륙으로 진출하자며 대대적인 침략군을 보내기 꼭 1년 전에 황윤길은 55세, 김성일은 53세였으니 '몰라서 엇갈리게 말했다. 우둔해서 7년 대전란을 내다보지 못했다.'고 말할 수는 없었을 것이다.

더욱이나 두 사람이 통신사로 임명된 것이 전쟁 터지기 수년 전인 기축년(1589년) 11월 18일이었다.

두 사람은 경인년(1590년) 3월 초에 출발하여 꼭 1년 만인 이듬해 3월 초에 왜국 사신 평조신(平調信), 현소(玄蘇) 등과 함께 귀국했다.

최소한 왜국에 대한 정세 판단이나 7년 왜란을 방비하지 못한 측면에서는 두 사람 모두 역사적 죄인임을 자인하지 않을 수 없을 것이다.

　선조 임금이 세자로 있을 때 퇴계 이황의 추천으로 세자의 스승이 된 정지연(鄭芝衍)은 정작 과거는 41세에 보았지만 공직에 나선지 15년 만에 우의정에 오른 보기 드문 사례를 기록했다.
　그가 56세에 임종을 앞두고 천거한 이산해, 이이가 선조 임금 시대의 명실상부한 거목이 되었으니, 그의 통찰력이 실로 남달랐던 셈이다.
　왜란이 터지자 병중임에도 임금의 피난길을 호종하다 개성에서 병이 심해져 고향 예산으로 내려가 52세에 병사한 부제학 홍혼(洪渾)은 임금이 그의 충성에 감동하여 그의 가족을 10년 동안 나라에서 돌보도록 했다.
　나는 이이(李珥)와 성혼(成渾)을 만나며 학문의 즐거움을 알았고, 강서(姜緖), 조충남(趙忠男)을 만나며 사람이 땅 위의 것만 보아서는 안 되고 하늘에 속한 것에도 관심을 두어야 한다는 걸 깨달았다.
　이이와 성혼을 보고는 '학문이 깊으면 세상을 훤히 내다보는 혜안이 생긴다.'는 것을 알았다.
　강서와 조충남을 사귀면서는 '천리안 같은 특별한 통찰력은 하늘이 점지한 사람에게만 주어진다.'는 사실을 확인했다.
　두 사람이 7년 왜란을 예언한 것은 물론 그 이외에도 많은 예측들을 내놓아 세상에서는 보기 드문 이인(異人)으로 평가 되었다.
　나는 지금도 정여립을 한 번 보고나서 '역적이 될 사람'으로 지목한 강서의 대단한 예견력에 놀라워하고 있다.

아마도 강서는 자신보다 8년 연하인 정여립의 흉중에 숨긴 칼날을 훤히 꿰뚫어 본 듯하다.

결국 숨겨진 그 칼날은 정여립이 43세 되던 기축년(1589년)에 겉으로 드러나, 나라를 위태롭게 하는 것은 물론이고 수많은 사람들이 목숨을 잃게 하거나 영영 회복하지 못할 깊은 구렁에 빠지게 했다.

자신의 특이한 성향이 임금과 주위의 경계하는 눈초리에 막히자, 갑신년(1584년)에 아예 고향으로 내려와 전국적인 규모의 대동계(大同契)를 조직하여 정해년(1587년)에는 전라도 외딴 섬들을 유린하는 왜구들을 전부 부윤 남언경(南彦經)의 다급한 요청에 의해 격퇴할 정도였으니, 사실은 역모 2년 전부터 세상에 그 속셈이 거의 다 드러났던 셈이다.

역모 사건을 수습하는 과정에서 자그마치 1천여 명이 희생되었을 정도였으니, 그 엄청난 참극을 오래 전에 내다본 강서(姜緖)의 통찰력이 더욱 놀랍지 않을 수 없다.

성혼(成渾)의 박학다식은 아들 성문준(成文濬)에게 이어져 '박학한 학자로 글씨도 참 잘 쓴다.'는 평을 받았다.

하나 관운이란 타고난 재주나 근면한 정진과 같지 않은 것인지, 아버지 성혼은 친한 벗 이이(李珥)가 쉴 새 없이 불러야 한두 번 공직에 나갈 정도였는데, 아들 성문준은 아버지 성혼이 임인년(1602년)에 비록 사후 처벌이지만 삭탈관작되자 관직에의 기대를 접고 14년 동안 은거했다.

삭탈관작된 성혼은 계유년(1633년)에 복관사제(復官賜祭)되어 좌의정에 추증되고 문간(文簡)이라는 시호가 내려졌다.

나는 지금도 성혼(成渾)의 학문과 남다른 혜안을 떠올리면 막힌 가슴이 뻥 뚫리는 것 같고 침침하기만 한 시력이 단번에 시원하게 벗겨지는 것 같다.

이이, 성혼은 내게 벗이자 스승이었다.

강서, 조충남은 내게 맑은 거울이자 못 보던 것을 볼 수 있는 속눈이었다.

임술년(1622년) 5월 17일 피붙이 이상으로 친하게 지내던 일송(一松) 심희수가 74세를 일기로 별세했다.

선조 임금과 광해군 시대의 명실상부한 총신이었다.

두 임금이 유학의 이념으로 왕도정치를 펴도록 혼신의 노력을 다했다.

율곡 이이가 별세하기 한 해 전인 계미년(1583년) 3월에는 이이가 주창한 '서얼이라도 나라에 봉사할 기회를 줘야 한다.'는 서얼 허통법을 임금에게 상세히 설명하며 속히 실행할 것을 건의했다.

7년 왜란 때는 명나라 원군을 요청하러 제일 먼저 달려갔다.

임진년(1592년) 6월 16일 원군을 요청하고 와서 명나라 군대의 출동 상황을 상세히 보고했다.

왜란 전부터 그는 상황을 정확히 짚어내고 대책을 일목요연하게 제시하는 것으로 정평이 나있었다.

임진년 7월 20일 도원수 김명원의 조선군과 연합하여 평양성 탈환에 나섰지만 참패하고만 명 원군 총대장 조승훈(祖承訓) 등이 '왜적에 대한 정보가 부족해서 패배했다.'며 크게 질책하자 '정보부족보다도 적의 동정을 알아보지도 않은 채 성급하게 공격한 것이 첫째 패인'이라고 맞섰다.

오만불손한 명나라 장수들을 능수능란하게 다룬다는 믿음을 준 덕에 그는 '명나라 원군의 출동을 주선하는 일, 제독 이여송을 요동까지 달려가서 영접하는 일, 명 원군의 현황 및 군량 조달 등을 의주 행재소에 알려 대비하게 하는 일 등'을 도맡아했다.

'조선왕국의 대접이 너무 소홀하다. 목숨 내놓고 도우러 온 천군(天君)을 이렇게 대하고도 무사할 줄 알았느냐?'고 호통 치는 명장(明將)들이 있으면 임금이나 관료들이나 조선 장수들은 예외 없이 그를 보내 달래게 했다.

접대 도감과 명나라 원군과의 사이에는 '능수능란한 조정자' 심희수가 든든히 자리 잡고 있었던 것이다.

7년 왜란 중에 명나라 원군과 조선군의 군량 조달을 위해, 변방의 방비를 위해, 전국 각지를 돌아다니며 임금에게 일일이 보고하다 결국은 57세로 왜란 끝에 순직한 홍세공(洪世恭)은 그가 앞장서서 천거한 인물이다.

계사년(1593년) 3월 초에 제독 이여송이 요동으로 떠나려 하자, 임금은 그를 보내 '요동에 가거든 정예병을 출병시켜 조선왕국을 구해 달라.'고 요청하게 했다.

명나라 병부상서 석성(石星)의 측근으로 '왜란 종결은 강화를 통해서 할 수밖에 없다.'며 '강화가 이뤄지는 동안은 휴전이니 왜병을 공격해서는 안 된다.'고 하던 심유경(沈惟敬)을 만나 '조선왕국이 아직 왜적에 유린당하는 상황이라 강화는 아직 너무 이르다. 왜적의 속셈은 조선왕국을 다

집어먹고 결국 명나라까지 넘보자는 것이니 겉으로는 강화를 내걸어도 절대 물러나지 않을 것'이라고 조선왕국을 대표하여 적극 설득한 것도 그였다.

왜란이 발발한 지 꼭 1년이 되어가는 계사년(1593년) 4월 1일 임금은 심희수와 심충겸을 보내 심유경의 강화 전술에 제동을 걸며 '조선왕국 중심의 강화가 되도록' 노력했다.

한성이 수복된 뒤 2개월여 만인 계사년(1593년) 6월 19일 의주를 떠나 강서에 머물 때 임금은 '지역 노인들을 불러 모으게 한 뒤' 심희수를 보내 '임금의 지극한 뜻'을 널리 알리게 했다.

임금이 한성을 향해 개성을 막 나서기 직전인 계사년(1593년) 9월 27일 그는 도승지 신분으로 임금에게 개성을 떠나기 전에 지역 주민들을 위로할 것을 건의했다.

임금이 마침내 10월 1일 이후 한성에서 국사를 돌보기 시작하자, 그는 노승지로서 불탄 한성을 정리하고 저승에서 쫓겨난 귀신 형상으로 떠돌아다니는 한성 백성들을 보살피는 일에 앞장섰다.

임금은 그의 노고가 너무 고마워 11월 25일 남색 비단 한 필을 하사했다.

그는 그 때 도승지를 그만두고 형조판서를 맡아 궁궐을 다 태우고 약탈할 정도로 허물어진 질서를 바로잡기에 진력했다.

사헌부가 나서서 12월 내내 '심희수가 형조의 수장이 된 것은 분에 넘친 일'이라며 탄핵하자 임금은 여러 차례 거절, 또 거절하다 갑오년(1594년) 정월 초부터 아예 사헌부 수장인 대사헌에 앉혔다.

사헌부 수장이 되자마자 그는 난리 겪느라 다 죽게 된 성인 남자들의 요역(徭役)을 가볍게 하는 일을 비롯하여 민생을 위한 10가지 정책을 건의했다.

명나라 경략 고양겸(顧養謙)을 접대하는 일로 대사헌을 그만 두기 원하자, 전쟁 치르는 일을 총괄하는 비변사는 그에게 '역관을 시켜 명나라 사정을 비밀히 정탐하도록 해 달라.'고 간청했다.

갑오년(1594년) 9월 26일 그는 공조판서로서 경략 송응창, 제독 이여송의 송덕비를 세울 것과 항복한 왜병들을 명나라로 보낼 것을 제안했다.

병신년(1596년) 5월에는 호조판서로서 군량 조달에 동분서주했다.

무술년(1598년) 정월에는 예조판서로서 전쟁 중에 사라지고 흐트러진 정신적, 문화적, 교육적 자산들을 하나하나 재정비했다.

그 해 7월부터 명나라 병부주사 정응태(鄭應泰)의 탄핵으로 궁지에 몰린 경리 양호(楊鎬)를 응대하며 동태도 살피고 그가 8월 12일 명나라로 돌아갈 때는 압록강까지 동행하여 전송했다.

그는 예조 판서로서 '양호를 변호하러 굳이 사신을 북경에 파견할 필요는 없다.'고 했지만 조선왕국은 '그럴 수 없다.'며 사신을 파견했다.

그 뒤 정응태가 앙심을 품고 선조 임금과 조선왕국 전체를 싸잡아 공격하는 일이 벌어져 정유재란으로 다시 풍전등화의 처지에 있던 조선왕국의 운명을 최대 위기로 내몰았다.

'조선 임금이 천자를 넘보며 왜국과 연합하여 명나라를 공격하려 했다.'는 정응태의 무고가 먹혀들 경우, 명나라 원군이 송두리째 철병하여 말 그대로 조선왕국은 다시 한 번 왜적의 소굴로 변할 참이었다.

7월 15일 그가 '명나라 장수들끼리 서로 미워하는 일에 공연히 끼어들 필요 없으니 굳이 사람을 보내 어느 한 편을 두둔할 필요 없다.'고 했을 때 그의 선견지명에 귀 기울였더라면 그 뒤의 살벌한 후폭풍은 얼마든지 피할 수 있었을 것이다.

정응태가 접반사 백유함(白惟咸)을 공격하자 그는 임금과 관료들에게 자기보다 2년 연상인 백유함을 위해 적극 나서서 해가 없도록 했다.

'조선이 한낱 왕국에 불과한데, 황제만이 사용할 수 있는 묘호(廟號)를 사용하는 것은 황제를 능멸하는 짓이 아니냐?'는 정응태의 생트집에 대해 백유함은 당당히 맞서서 '조선왕의 묘호는 국초부터 당당히 사용하여 온 것임'을 밝혔다고 임금과 관료들에게 말함으로써 애꿎은 희생자가 안 나오게 했다.

결국 그는 조광조(趙光祖)의 문인으로 송인수(宋麟壽), 유희춘(柳希春), 이이(李珥), 성혼(成渾) 등과 함께 사림계의 핵심으로 통했던 백인걸(白仁傑)의 아들을 구원한 셈이다.

그는 왜란 초기에는 이여송을 응대하고 정유년 재침 때는 만세덕을 응대하며 '명나라 군사들의 행패를 막아 달라.'고 거듭 요청하여 결국 '군율이 엄격해 지도록' 최선을 다했다.

기해년(1599년) 8월에는 '경리 만세덕의 요구가 하도 많고 부당하여 도저히 감당할 수 없다.'며 13년 연하인 김상준(金尙寯)을 천거했지만 임금은

'나라를 위해 고생해 달라.'며 불허했다.

임금은 8월 28일 그를 이조 판서에 앉혀 그 동안의 노고에 보답했다.

임금은 곧 그를 대제학에 앉혀 만물박사로 통하는 그의 해박한 지식이 나랏일에 온전히 쏟아 부어지게 했다.

신축년(1601년) 5월에는 의정부 우찬성으로서 경리 만세덕이 지적했던 한성 문묘의 공자 위호 문제를 본격 거론했다.

그는 명나라에서 〈태학지〉를 사오게 한 뒤 공자의 위판 문제를 꼼꼼히 챙겨 나라의 위상에 어긋나지 않게 했다.

선조 임금 말년에는 임금이 주로 〈주역〉 강론을 선호했는데 그가 늘 단골로 강론하고 토론했다.

신축년(1601년) 12월에는 이조판서로서 전 좌의정 정철(鄭澈)의 아들 정종명(鄭宗溟)을 천거하기도 했다.

하나 곧 이어 동인의 배척과 임금의 미움이 집중되던 정철의 아들을 추천한 일로 한동안 시빗거리가 되기도 했다.

정철은 이미 계사년(1593년)에 57세를 일기로 생을 마감했지만 기축년(1589년)의 대옥사로 그의 박해를 받았다고 여기는 동인들의 감정은 풀리기는커녕 더 악화되어 있었다.

을사년(1605년) 10월 24일 수재 등 천재지변이 극심하자 우의정이던 그는 영의정 유영경, 좌의정 기자헌과 함께 '3정승이 덕이 부족해 재해가 끊이지 않으니 물러나게 해 달라.'고 했다.

매사에 모범인 그도 자식의 일, 사돈의 일에서는 자유로울 수 없었다.

병오년(1606년) 7월에는 사돈 여산 송씨 송언신(宋言愼) 때문에 곤욕을 치르고 꼭 6년 뒤 임자년(1612년) 3월에는 아들 심창 때문에 어려움이 있었다.

6년 연상인 사돈의 문제는 변명으로 끝났지만 아들의 문제는 용서를 대신 빌어야 했다.

사돈 송언신은 임자년(1612년) 70세에 별세하기까지 실로 기인(奇人)다운 일생을 살았다.

이황, 유희춘, 노수신 등 밑에서 공부했으니 실로 대단한 학맥을 지닌 셈인데도 '꾀는 많아도 덕이 없다. 여색을 가까이하며 간교하고 음험하여 모두가 기피한다.'는 평을 받았다.

그래도 선조 임금의 총애를 받아 대사간, 병조 판서, 이조 판서를 역임하고 평안도, 함경도 등지의 관찰사도 역임하며 '인력이 부족한 겨울철 수성책으로 성벽에 물을 부어 얼리는 계책'을 건의하기도 했다.

기유년(1609년) 8월 26일에는 우의정으로서 광해군 시대의 짙은 먹구름을 예견하고 왕도정치를 역설했다.

'맹자는 왕도(王道) 대신 패도(覇道)로 나서면 백성이 하늘을 대신해 뒤엎을 수 있다.'고 했다며 갓 즉위한 34세 청년 임금을 떨게 했다.

인덕(仁德)이 바로 천덕(天德)이고 유학(儒學)의 이상이라며, '인의(仁義)를 가볍게 여기고 무력과 권모술수로 공리(功利)만을 꾀하면 나라와 백성도 결딴나고 임금과 관료들도 역사의 죄인이 될 수밖에 없다.'고 했다.

그는 속의 음흉함을 겉으로 다 드러냈다가 세자 자리, 왕의 자리도 동생에게 뺏긴 채 해를 입고 만 임해군과 달리 광해군은 교묘히 속에 감추고 있지만 언젠가는 겉으로 다 드러내, 자신도 망치고 나라와 백성과 관료들도 벼랑 끝으로 내몰게 될 것을 미리 내다보았던 것이다.

경술년(1610년) 11월 15일에는 내가 그와 한응인을 끌어들여 셋이서 함께 윤의중(尹毅中) 복권을 요구하여 관철시켰다.

나보다 23년 연상인 윤의중은 '감사, 판서를 역임하며 축재하여 호남 제1의 갑부가 되었다.'는 공격을 받은 데다 기축년(1589년) 정여립의 모반사건 때 '동인의 핵심으로서 정여립과 친하다.'는 이유와 정여립 사건 때 고문 끝에 45세의 나이로 죽은 이발(李潑)의 외숙이라는 이유로 삭출(削黜)되었다.

윤의중의 손자 대에서 윤선도(尹善道) 같은 걸출한 인물이 나왔으니 나나 그나 선대를 살려 후대를 보살핀 셈이다.

그는 우의정에서 물러나게 해 달라고 16번이나 사직서를 올려 마침내 허락받기도 했다.

신해년(1611년) 7월 23일 그의 나이 63세 때였다.

그 해 11월 16일부터 11월 25일까지 그는 중추부 판사로서 2품 이상의 고위 관료들을 모두 모아 임금의 경운궁 이어를 말렸다.

법궁인 창덕궁을 뒤로 한 채 이궁인 경운궁으로 옮기면 왜란으로 불탄 궁궐을 어렵게 다시 세운 의미도 없고 나라의 근본에도 어긋난다고 말렸다.

물론 나도 적극적으로 말렸다.

36세 임금은 '원래 추위에 약한 몸이라 겨울을 지낸 다음에는 다시 옮기겠다.'며 한사코 강행했다.

계축년(1613년) 대북파가 영창대군을 몰아내려 흉계를 꾸밀 때 고문에 못 이겨 허위 자백한 정협(鄭浹)으로 인해 왜란의 공신이고 선조 임금의 총신인 황신(黃愼)이 죽게 되자, 그가 나서서 적극 변호, 결국 중도부처 되었다 옹진에 유배 가는 것으로 일단락 짓게 했다.

정협은 역모를 꾀했다는 거짓 자백으로 처형되고 황신은 유배지에서 55세에 별세했다.

이이, 성혼에게 학문을 배운 황신은 명나라 원군을 요청하고 명나라 장수들을 접반하는 일에서부터 심유경의 강화 일정에 일일이 동행하는 일까지 실로 왜란으로 생긴 큰 판 위에서 나라와 백성을 위해 아낌없이 헌신했다. 39세 이전에는 그런대로 고생은 많아도 보람이 컸는데 39세 이후 운세가 가파르게 변했던 셈이다.

39세 되던 신축년(1601년)에는 고인이 된 스승 성혼이 비난 받게 되자 이를 변호하다 파직되더니, 이듬해에는 사은사로 명나라에 가는 도중에 탄핵을 받아 삭탈관작되어 중도에 돌아와야 했다.

왜란 때의 공로로 을사년(1605년)에 공신에 올라 정미년(1607년)에 복관되었지만, 갑신년(1604년) 12월 1일 이후 영의정 자리를 굳게 지키던 유영경(柳永慶)이 복권을 시행하지 않아 부여로 낙향하여 지냈다.

운세가 어찌나 안 좋았던지 그는 임자년(1612년)에 '왜란 때 세자이던 광해군을 잘 섬겼다.'는 공로로 위성공신(衛聖功臣) 2등에 올랐는데도 이듬해 계축옥사에서 정협의 무고로 유배지에서 한 많은 일생을 끝내야 했다.

황신의 복권을 막았던 유영경은 무신년(1608년) 3월 18일 '영창대군을 옹립하려 했다.'는 죄로 경흥으로 유배 간 뒤 사사되어 58세의 일생을 마쳤지만, 임자년(1612) 6월에 추형이 내려져 부관참시 되고 7월 1일에는 훼가(毁家)로 그의 집은 연못이 되었다.

계축년(1613년) 6월 6일에는 '역적 심우영(沈友英)이 심희수와 같은 청송 심씨'라는 이유로 탄핵을 받아 중추부 판사에서 사임하겠다고 했지만 허락 받지 못했다.

심우영은 경기 관찰사를 지낸 심전(沈銓)의 서자인데 세도가 집안의 서자들과 어울리며 강도질을 일삼다 대북파의 영창대군 제거 음모에 이용되어 '거사자금 마련을 위해 도둑질을 한 것'이라고 허위 자백한 뒤 처형되었다.

심전은 계축년 초에 93세 수명복을 누리고 별세하여 서자가 역모에 연루되는 일을 보지 못했다.

물러나려 해도 임금이 허락하지 않아 하는 수 없이 자리를 지키다 수없이 공격 받으며 불편한 나날을 보내야 했다.

병진년(1616년) 4월 16일 결국 도성 밖으로 쫓겨나는 일을 겪어야 했다.

기미년(1619년) 5월 14일 나는 홍천 유배에서 풀려 낙향이 허락 되고 심희수는 3년여 만에 자유의 몸이 되었다.

임금은 중추부 판사로 그를 다시 불렀지만 그는 경신년(1620년) 3월 20

일 사임을 요청한 뒤 이후 아예 녹봉을 받지 않았다.

임술년(1622년)을 맞이해서도 정월 이후 줄곧 사직서를 냈다.

그는 임종을 맞던 날(5월 17일)까지도 사직서를 내고 74세의 천수를 마쳤다.

나는 그의 임종을 한 편으로는 슬퍼하고 아쉬워하면서도 다른 한 편으로는 '어쩌면 그리도 모든 게 그다운 지' 다시 한 번 놀라워했다.

그렇게 박학다식하고 성실근면한 데도 35세 되던 계미년(1583년) 3월 1일 경연관으로 임금 앞에서 강론할 때는 '의견이 두서가 없다.'는 이유로 견책 받고 물러나야 했다.

그리고 54세 되던 임인년(1602년) 3월 19일에는 명나라 사신을 접대하는 관반사(館伴使)로서 '말을 약탈하는 명나라 사신을 적발하여' 질책한 뒤 임금에게 보고했다.

한 마디로 모든 게 그다운 일면이 있어 눈 감고 가만히 지난 일을 떠올리면 저절로 미소 짓게 되었다.

'대단한 사람이었다. 위대한 일생이었다.'는 말 밖에는 더 이상 할 말이 없지만 나는 뒤에 덩그러니 홀로 남겨져 그와 나누던 정담이나 한 겹, 한 겹 다시 풀어보아야 할 것 같다.

임술년(1622년) 7월 하순에는 오윤겸(吳允謙), 변흡(邊潝)이 명나라 황제 등극을 축하하러 북경으로 출발했다.

압록강을 건너 요동으로 가는 길은 이미 후금에 점령당한 뒤라 평안도 선사포를 출발하여 산동 반도 등주로 가는 뱃길을 이용했다.

명나라는 만력제의 장남 38세 태창제가 즉위 한 달여 만에 급사하고, 만력제의 장손 천계제가 15세 어린 나이로 경신년(1620년) 9월 26일 이미 즉위한 상태였다.

한 왕조의 내리막길이 선명하게 드러나고 있었지만 사대외교의 대상이 바로 명나라였기에 오래된 명분을 따라 뱃길로라도 서둘러 축하 사절을 보내야 했다.

하극사(賀極使) 일행은 10월 20일 출발 3개월여 만에 평안도 선사포에 되돌아왔다.

63세 문신 오윤겸과 54세 무신 변흡은 뱃길로 소임을 다했다 하여 임금의 표창을 받았다.

나는 오윤겸이 성혼의 대표적 학맥이라 특히 아꼈다.

특히 신해년(1611년) 3월 하순 이언적, 이황의 문묘 종사를 반대한 정인홍을 비판하다 임금의 미움을 받아 강원도 관찰사로 좌천되었을 때, 영월의 단종 묘를 잘 정리하고 제례 절차와 제수 마련 법식을 제정하여 이후 어김없이 시행되게 한 일이 나를 감동시켰다.

꼭 155년 전에 16세 어린 나이로 외롭게 승하한 단종의 원혼을 53세의 감사가 오로지 충효(忠孝)의 마음, 인의(仁義)의 마음으로 정성껏 달랜 것이다.

임술년(1622년) 11월 11일 조선왕국에 큰 화근이 될 일이 생겼다.

'7년 왜란이 풍신수길의 죽음으로 10년을 못 채웠으니 12갑자가 5번

바뀌어 완전히 한 바퀴를 돌기 전에 3차례 정도 내우외환을 맞게 되어 있다.'는 말이 〈주역〉에 정통한 이들 사이에서 공공연히 떠돌았다.

그렇게 되면 임진년(1592년) 이후 60년이 지나기 전에 세 차례나 외적의 침략과 내란에 휘말리게 된다는 말이었다.

그래서 임술년(1622년) 11월 11일 명나라 장수 모문룡(毛文龍)이 후금에 쫓겨 갑자기 평안도 철산 앞바다 가도(椵島)로 무단히 들어설 때부터 사람들은 '명나라는 곧 망할 테니 이제 곧 여진족이 세운 후금의 침략을 받게 될 것'이라고 수군거렸다.

두 차례의 호란과 한 차례의 내란을 그 때 이미 내다본 이들이 많았다.

광해군이 선조 임금에 비해 너무 실정을 반복하는데다 연산군 뺨칠 정도로 패륜에 앞장서니 어쩌면 연산군을 내쫓은 제 2의 중종반정을 기대했는지도 모른다.

하여튼 11월 11일의 모문룡 가도(椵島) 무단 점거는 무고무고 화근이 되었다.

명나라나 조선왕국은 처음에는 호재인지 악재인지도 모른 채 모문룡에게 끌려 다녔지만, 후금은 한창 발톱을 세우며 일어서는 형국이라 바로 턱 밑에서 '곧 요동을 정벌하고 후금을 박살내겠다.'고 호언장담하는 모문룡을 눈엣가시 이상으로 여겼다.

명나라와 조선왕국이 '후금 견제용'으로 겉으로는 방치하고 속으로는 연합한다는 사실을 너무도 잘 알기에 후금은 '대륙통일의 주요 장애요인'으로 여겼다.

이듬해 계해년(1623년) 3월 11일에는 후금의 노동력 착취와 차별대우에 넌더리가 난 한인(漢人) 피난민 1천여 명이 가도로 들어갔다.

3월 22일부터는 가도의 모문룡과 명나라, 그리고 조선왕국이 3각 관계를 맺으며 아예 명나라 변방의 요새처럼 가도의 위상이 한층 격상되어 갔다.

4월 16일에는 광해군을 이은 새 임금이 나와 김류(金瑬) 등을 불러놓고 '모문룡이 선물을 보냈는데 이를 어떻게 처리해야 하느냐?'고 물었다.

하여튼 모문룡이 44세 되던 해에 가도를 무단 점거한 뒤 그가 기사년 (1629년) 6월 30일 53세에 명나라 산해관군문 겸 요동 경략 원숭환(袁崇煥)에게 참수될 때까지 자그마치 9년여 동안, 망해 가는 명나라와 일어서는 후금 사이에서 애꿎은 조선왕국을 끼고 선무당 굿판을 신나게 벌였던 셈이다.

임술년(1622년) 섣달그믐에 한성 한복판에서 큰 소동이 벌어졌다. 강원도 관찰사를 지낸 47세 수원 백씨 백대형(白大珩)과 예조 참의를 지낸 36세 전의 이씨 이위경(李偉卿)이 대북파 62세 광주 이씨 이이첨(李爾瞻) 등의 조종을 받고 서궁에 유폐된 인목대비를 살해하려 한 일이 생겼다.

'섣달그믐이니 귀신 쫓는 굿을 한다.'며 서궁에 잠입할 흉계를 꾸몄지만 사전에 발각되어 실패했다.

사람들은 계축년(1613년)에 무고 사건을 일으켜 인목대비 친정을 멸문지화로 내몰고 영창대군을 귀양 가서 죽게 한 강도 박응서가, 모두 죽고 저만 겨우 살아남아 유배를 갔다가 임술년(1622년) 5월 2일 석방되어 관직이 복구되자 '대북파가 뭔가 큰 흉계를 꾸미고 있다.'고 짐작했다.

굳이 운세를 점치지 않더라도 천심인 민심이 크게 이반되고 지난 잘못이 너무 많아 '광해군 시대는 이제 끝나간다.'고 다들 이심전심으로 직감하고 있었는데도, 대북파는 흉계 꾸미고 무고 사주하여 천심을 거스르고 민심을 등지는 일만 되풀이했다.

계해년(1623년)에 들어서자 다들 '갑자년(1624년) 이전에 큰 변고가 있을 것'이라며 은근히 기대하는 분위기가 무르익어 갔다.

'친형제, 이복형제를 죽이고 비록 계모지만 엄연히 모자지간인데 어머니를 서인으로 강등시켜 감금하며 친정 가족을 멸문지화로 내몬 임금은 이제 필요 없다.'는 말까지 백성들 사이에서 공공연히 떠돌았다.

왜란으로 피난 가는 길에 평양에서 서둘러 세자로 세울 때가 17세였다.

한 살 위인 동복형제 임해군을 제치고 차남이 장남 구실을 한 것이다.

임진년(1592년) 4월 29일 세자로 세워지기 직전인 4월 14일의 세론은 '임해군 이진(李珒)은 폐단을 심하게 일으켜 싫어하나 광해군 이혼(李琿)은 사람들이 많이 따른다.'는 식이었다.

선조 임금이 무신년(1608년) 2월 1일 승하하자 2월 2일 즉위했는데 그때가 33세였다.

이제 계해년(1623년)이니 즉위한 지 15년에 48세인 것이다.

을해년(1575년)에 태어나 계해년(1623년)에 최대의 위기를 맞은 셈이다.

세상은 이미 '달이 다 차서 이제 기울 일만 남았다.'고 했다.

반정의 기운은 병진년(1616년) 말 인목대비를 둘러싼 폐출론, 폐모론이 수면 위로 올라올 때부터 이미 씨앗이 뿌려졌다.

이후 대북파가 광해군의 국정 장악력을 강화할 목적으로 당파적 개혁정치를 서두르며 숙청의 칼날을 들이대자 저항세력, 불만세력이 급신장했다.

한창 나라와 백성을 위해 일해야 할 선량들이 부지하세월인 채 초야에 묻혀 있거나 작두에 목을 들이민 채 유배지를 전전해야 했으니, 자연히 광해군의 패륜이 여론을 넘어 반정세력으로 눈덩이처럼 불어났던 것이다.

반정을 주도한 연안 이씨 이귀(李貴)와 안동 김씨 김자점(金自點)은 '사돈간'이라는 이유이기도 하지만 하여튼 거사 3개월여 전부터 광해군 시대의 핵심세력인 대북파로부터 줄기차게, 그것도 아예 공개적으로 '둘이 역적 음모를 꾸미고 있다.'는 공격을 받았다.

임술년(1622년) 12월 23일부터 거사 4일 전인 계해년(1623년) 3월 8일까지 대북파 고위 관료들이나 그들의 조종을 받은 유생들로부터 빗발치는 공격을 받았다.

하나 같이 '역적 음모를 꾸미고 있으니 엄벌에 처해야 한다.'는 것이었다.

대북파 안에서도 '너무 늦게 알았다.'며 책임지고 물러나겠다는 이들,

'어째서 파직 정도로 가볍게 끝날 수 있느냐?'며 강경한 처벌을 바라는 이들이 줄기차게 나왔다.

견디다 못한 이귀가 계해년(1623년) 1월 4일 '나는 역적 음모와 전혀 무관하다.'고 광해군 앞에서 정식으로 해명하자 그 때부터는 '그 해명부터가 임금을 속인 대역죄이니 당연히 처벌 받을 짓'이라며 공격했다.

참으로 한심하게도 정변이 일어날 것을 전혀 모른 채 겉으로 드러난 이귀와 김자점만 '역적 운운'하며 붙들고 있었던 것이다.

경신년(1620년)부터 '능양군(綾陽君) 이종(李倧)을 다음 임금으로 세우자.'며 정변 성공 후 정사공신(定社功臣)에 들어간 이들끼리 비밀리에 모여 일을 꾸몄다.

66세 연안 이씨 이귀, 52세 순천 김씨 김류, 35세 안동 김씨 김자점, 37세 전주 최씨 최명길, 48세 평산 신씨 신경진, 20대 청송 심씨 심기원, 43세 전주 이씨 이서, 46세 능성 구씨 구굉, 45세 능성 구씨 구인후, 36세 청송 심씨 심명세 등이 바로 계해반정(癸亥反正)의 핵심 주도자들이다.

구굉은 새 임금의 외숙이고 구인후는 새 임금의 외사촌 형이다.

새 임금의 생모가 좌찬성을 지낸 구사맹(具思孟)의 딸인 구씨이니 자연히 능성 구씨들이 반정에 많이 참여하게 되었다.

새 임금이 된 능양군(陵陽君)은 선조 임금의 5남 정원군(定遠君)의 3남 중 2남인데도 장남 능원대군이 10세에 백부 의안군(義安君) 이성(李珹)에게 입양된 관계로 '정원군의 장남'이 되었다.

그리고 정원군의 막내인 능창대군(綾昌大君)이 을묘년(1615년) '신경희(申景禧)의 옥사'에 연루되어 강화도에 위리안치된 후 16세의 어린 나이로 목매 자살함으로써 능양군은 '정원군의 유일한 아들'이 된 것이다.

계해년(1623년) 반정을 긴박한 일정으로만 보면 너무도 간단하다.

3월 12일 28세 새 임금이 반정 핵심 이귀를 경운궁에 보내 인목대비에게 문안드리게 했다.

3월 13일 계해정변 특등공신 거의대장 김류가 군령으로 백관을 다 불러 모아 경운궁 인목대비에게 문안드리게 했다.

공식적인 '새 임금의 시대 첫날'인 3월 14일 임금은 이광정, 이귀, 김류 등에게 관직을 제수했다.

연안 이씨 71세 이광정은 이조 판서, 이귀는 이조 참판, 김류는 병조 참판으로 임명했다.

3월 16일 임금은 나를 영의정에 다시 앉히고 좌의정에는 정창연, 우의정에는 신흠을 앉혔다.

같은 날 임금은 반정 공신 이귀, 김류를 불러 호위군의 해산과 각도 수령의 교체 여부를 논의했다.

3월 17일 임금은 이괄과 이서를 불러 군사에 관한 일과 군사 요충지의 폐단 등을 논의했다.

3월 18일 임금은 이귀, 김류를 불러 군병 위로연의 결과를 들었다.

3월 20일 임금은 김류, 이귀를 만나 광해군의 유배와 각종 공사에 동원된 일꾼들의 해산 등을 논의했다.

3월 25일 임금은 김류, 이귀를 만나 반정 유공자들에게 관직을 주는 문제를 논의했다.

4월 1일 김류와 이귀가 임금을 만나 의거에 참여한 자들의 논공행상에 대해 논의했다.

4월 5일 임금은 김류, 이귀를 만나 관료들의 집무실, 숙직실, 군량 등을 담당할 자들에 대해 논의했다.

7월 11일 도성 안 밤에 경보가 있었기에 임금이 김류, 이귀를 불러 논의했다.

새 임금의 생부 정원군은 7년 왜란을 선조 임금 곁에서 온몸으로 겪은 뒤 갑신년(1604년)에 왜란을 정리하며 공신을 정할 때 호성공신 2등에 올랐다.

아들이 임금에 오르는 것을 못 본 채 기미년(1619년)에 39세를 일기로 생을 마쳤다.

임금의 생모 좌찬성 구사맹의 5녀 구씨는 아들이 임금이 될 때 45세였다.

장남 능원대군은 백부에게 입양되고 막내 능창대군은 역모 사건에 연루되어 억울하게 16세에 요절했지만, 차남 능양군이 28세에 새 임금이 되자 지난 고통을 웬만큼 덜 수 있게 되었다.

하지만 호사다마이고 화불단행인지 무진년(1628년) 1월 3일 능원대군의 장인인 유효립(柳孝立)이 선조 임금의 7남 인성군(仁城君) 이공(李珙)을 옹립하려는 역모 사건의 주동자로 드러나 처형되자 다시 한 번 경악했다.
 억울하게 연루된 인성군은 40세의 나이로 사사되었지만 다행히도 능원대군은 무사했다.

 계해반정의 주동자들은 문신 위주, 인척 위주가 핵심이었기에 3년여에 걸친 준비기간을 거치며 그 어떤 정변보다도 더 짜임새 있게 기획했다.
 능양군의 생부 정원군이 기미년(1619년)에 별세하자 그 직후부터 '정원군 집에 왕기(王氣)가 서린다.'는 소문을 냈다.
 광해군 실정에 넌덜머리가 난 백성과 광해군 폭정에 탄압 받고 있던 관료들, 선비들은 '왕기가 서려 있다.'는 말 자체가 곧 희망이고 기대였다.
 하여튼 반정 주동자들은 28세 새 임금을 옹립하자마자 착착 계획대로 이행했다.
 나를 영의정으로 앉힌 것은 신구세력 사이의 조정자 역할로서 무난했기 때문이고, 무엇보다도 백성들과 관료들의 공감을 얻어야 하기에 76세인 나를 처음부터 지목했을 것이다.
 3월 16일 임명을 받고 병을 추스른 후 여주에서 올라오느라 자연히 3월 22일에야 출근했는데, 임금이 승지를 남문 밖까지 보내 나를 맞이하게 했다.
 거리로 나온 백성들은 얼굴 가득 웃음을 띤 채 하나같이 반겨 주었다.
 임금은 내시 두 사람을 시켜 나를 부축하게 하여 명정전 섬돌 위로 올라서게 했다.

"허리가 편치 않다고 하던데 먼 길 오시느라 고생이 많으셨겠습니다."

"두 번이나 재촉하셨지만 몸에 병이 있어 이렇게 늦게야 도착했습니다."

"재능도 덕도 모자란지라 이제나 저제나 하며 영상만을 기다렸습니다. 그래도 이렇게 오셨으니 기쁘기 한량없습니다. 지금 아주 위태로운 지경이니 종묘사직을 바로 잡아 속히 안정시켜 주시기 바랍니다."

"이미 80을 바라보는 몸입니다. 크게 기여할 일이야 없겠지만 우선 가장 걱정 되는 것이 바로 북쪽의 후금입니다. 새로 들어온 사람들이 중요한 가닥을 잘 잡아가고 있는 것 같아 여간 다행이 아닙니다."

"가장 시급한 일은 인재 발굴입니다. 오래 시골에 계셨으니 초야에 숨어 있는 인재들에 대한 이야기를 많이 들으셨을 것입니다."

"시골에 묻혀 농부나 만난 게 고작입니다. 오는 도중에 들어보니 다들 어질고 능력 있는 인재들을 기용했다고 하며 반겼습니다. 그런 세론을 듣고 여간 다행스럽지 않았습니다. 특히 이조 판서를 이미 적임자로 앉혔으니 당연히 사람을 잘 가려 쓸 것입니다. 걱정 안 하셔도 될 것입니다."

"그렇지 않습니다. 이미 조정에 들어온 이들이야 이조와 병조에서 알아서 하겠지만 초야에 숨은 인재들은 방법이 없지 않습니까?"

"한창 일하실 나이이시니 모든 건 그저 전하의 마음을 근본으로 삼아야 합니다. 대신의 직책이 바로 사람을 가려 쓰는 일이니 대신들이 전하의 올바른 뜻을 잘 섬기면 모든 건 저절로 중심을 잡아갈 것입니다. 문제는 지금 모든 게 파탄되어 창업과 수성을 동시에 이뤄 나가야 한다는 사실입니다. 이제 앞으로 속을 태우시는 일들이 틀림없이 많아질 것입니다."

"영상만 믿습니다. 나라가 망하게 된 상황이니 나를 힘껏 도와 나라를 다시 튼튼하게 세워 주십시오."

"나라를 위하는 마음이야 한결같지만 힘이 닿지 않는 것이 걱정입니다."

"내가 왕위에 오른 지 이미 10여 일인데도 아직 모든 게 두서가 없으니 영상이 모든 걸 틀어쥐고 해결해 주기 바랍니다."

"핵심은 백성을 안심시키고 세상이 나아졌다는 사실을 확인시키는 일입니다. 그러려면 우선 부담을 줄여 백성이 다시 힘을 얻게 해야 합니다. 그렇게 되면 명나라 군대가 와도 부담을 잘 질 테고 후금이 쳐들어와도 목숨 바쳐 지킬 것입니다. 지난 시기에는 간악한 무리가 조정에 가득하여 백성들이 등을 돌리고 있었지만 지금은 희망과 기대를 안고 지켜보고 있습니다. 민심만 굳게 결합하면 막대기로라도 적을 물리칠 수 있을 것입니다. 본래 우리나라 군사는 천하제일의 강군이었습니다. 이제 민심만 얻으면 다들 기꺼이 나라를 지키려할 테니 후금 정도야 무슨 걱정이겠습니까?"

"영상의 말씀이 맞습니다. 백성의 부담을 덜어주어야 합니다."

"경연에서 강론할 책을 고르라고 하셨다는 말을 듣고 여간 기쁘지 않았습니다. 임금이 스스로 마음의 수양을 중시하는데 나머지야 왜 안 따라오겠습니까? 임금이 사사로운 생각을 버리고 공정하게 하면 붕당의 폐해마저도 말끔히 사라질 것입니다. 사실 붕당의 문제는 옛날부터 있어 온 현상입니다. 임금이 공정하게 처리하면 붕당의 문제도 일시에 해결될 것입니다."

"붕당은 사실 오늘날의 고질적 폐단입니다. 나도 여간 근심하고 있지 않습니다. 이조와 병조가 공정하게 처리하면 붕당의 폐해도 곧 사라질 것입니다."

"임금의 본심이 깨끗하면 아랫사람들 스스로 왜 공정해지지 않겠습니까?"

나는 새 임금이 비록 28세 청년이지만 거사 이후 처리하는 걸 보며 '대단한 전략가'라고 생각했다.

이귀나 김류의 머리에서 나온 것들도 있겠지만 우선은 임금 되기 전의 합의와 임금 되고 나서의 동의가 얼마든지 서로 다를 수 있는데, 3월 11일 거사 이후 계획대로 착착 잘 진행되고 있다는 사실은 바로 임금이 웬만큼 전략적인 훈련이 되어 있다는 뜻일 것이다.

이귀를 이조 참판에 앉혀 광해군 시대의 관료들이 재 등용되는 길을 원천적으로 막았다.

김류를 병조 참판에 앉혀 병권을 장악하게 했다.

김자점을 승지에 앉혀 임금을 보필하게 했다.

장단 부사 겸 경기 방어사로 병력 7백여 명을 이끌고 반정에 합류했던 전주 이씨 이서(李曙)를 호조판서에 앉혀 국가 재정을 틀어쥐었다.

조선왕국의 문장가로 알려진 연안 이씨 이정구를 예조판서에 앉혀 광해군 시대에 뒤죽박죽이 된 예절과 격식을 바로잡을 토대를 마련했다.

장인인 한준겸을 돈령부 영사에 앉혀 왕실 종친들을 안정시켰다.

어린 아들과 친정아버지를 비롯하여 친정식구들이 모두 죽거나 유배지에 묶여 있거나 노비가 된 처지라 인목대비의 심정은 너무도 착잡했다.

계축년(1613년) 29세 때부터 비운이 몰려들더니 친정이 멸문지화를 당하고 이듬해에는 어린 아들이 강화도에서 목숨을 잃는 일이 생겼다.

이후 폐모론, 폐출론이 슬슬 고개를 들더니 무오년(1618년) 정월 28일에는 대비 존호가 떨어져 폐모, 폐출에 버금가게 되었다.

신유년(1621년) 7월 중순부터는 묵고 있는 경운궁이 '대비전'에서 아예 '서궁'으로 강등되었다.

하나 39세 되는 계해년(1623년) 3월 중순부터 새 세상이 열리기 시작했다.

3월 13일 새 임금이 될 능양군이 경운궁에 와서 문안한 후 어보를 올리자 능양군에게 다시 주어 '능양군이 광해군을 이어 새 왕이 된다.'는 것을 확정지었다.

3월 14일 광해군을 폐하고 능양군으로 선조 임금을 잇게 하고 도승지 정립(鄭岦)과 승지 목장흠(睦長欽)을 제주도로 보내 친정어머니 연흥부부인(延興府夫人) 노씨를 모시고 오게 했다. 광해군의 죄목 36조 항을 공표하고 '외지에 안치시키라.'고 했다. 능양군을 새 임금으로 세우고 광해군을 폐하도록 지시했다.

3월 15일 새 임금은 대비의 의복을 바꿀 시일을 정하라고 예조에 시켰다.

3월 23일 대비전에서 원자의 입궐을 지시했다. 영의정인 나를 불러 새 임금을 잘 모시라고 지시했다.

4월 11일 왕대비로서 중앙 관료들에게 광해군의 36개 죄목을 열거했다.

6월 1일 2품 이상의 고위관료들에게 폐세자의 처리를 논의하게 했다.

이후 왕대비 연안 김씨를 대왕대비로 격상시키고 존호를 올리는 문제가 서서히 논의되기 시작했다.

광해군은 임진년(1592년) 4월 말 피난 중에 갑자기 세자가 된 이후 일부 관료들과 명나라의 반대에도 불구하고 임금이 되어 15년여 자리를 지켰다.

하나 48세 되는 계해년(1623년) 3월 중순에 임금에서 물러나 죄인으로 급전직하했다.

3월 13일 광해군을 대궐로 데려와 오위(五衛)의 군무(軍務)를 총괄하는 도총부(都摠府) 직방(관료들이 조회 시간을 기다리며 쉬던 방)에 머물게 했다.

3월 14일 인목대비가 광해군을 폐하고 능양군을 즉위하게 했다. '광해군 즉위 이후 옥에 갇힌 이들을 석방하도록' 했다.

3월 18일 예조에서 광해군 생모의 신주, 고명 등의 처분에 대해 보고했다.

3월 23일 광해군(48세), 폐비 문성군부인(文城郡夫人) 문화 유(柳)씨, 25세 폐세자 이질(李侄), 폐세자빈 밀양 박씨 등을 강화도에 위리안치했다.

4월 10일 새 임금이 광해군에게 생필품인 포저(匏苴)를 넉넉히 주라고 지시했다.

4월 11일 인목대비가 관료들을 불러 광해군의 죄목 36가지를 열거했다.

5월 22일 폐세자 이질이 땅굴 파고 도주하다 잡히자 폐세자빈 박씨는 자결했다.

6월 25일 폐세자 이질이 5세 된 딸 이아기(李娥其)와 4세 된 이복여동생을 남긴 채 사사(賜死)되었다.

7월 4일 광해군 때 영건도감(건축공사 위한 임시관청)에서 쓰고 남은 것들을 계축옥사(1613년)에 희생된 인목대비의 친정아버지 연흥부원군 김제남의 집에 하사했다.

10월 8일 폐비 유씨가 임금에서 죄인이 된 광해군을 두고 별세했다.

28세 새 임금은 48세 백부(伯父) 광해군에게 시시때때로 입을 것, 먹을 것을 풍족히 대려고 애썼다.

계해정변은 '하루아침에 팔자가 달라지는 일'을 수없이 만들어냈다.

우선 광해군을 임금으로 섬기던 이들이 졸지에 과거 유물 내지 '처단될 죄인 부류'로 전락했다.

76세 영상인 나야 잠시 한 때 쐐깃돌로 부름을 받았지만, 대북파에 속해 영창대군 옥사와 폐모론에 깊이 관여하여 반대파들을 여지없이 숙청했던 과격한 인물들은 줄지어 참화를 맞아야 했다.

쉽게 말해 광해군 시대에 그릇되고 치우친 흐름에 저항하다 죄인이 된 나 같은 이들은 반정에 직접 참여 안 했어도 나름대로 중론을 따라 큰 하자가 없으면 최소한 자리는 지킬 수 있었다.

우선 계해정변으로 빛을 본 이들 중 가장 특이한 예는 바로 왜란 초에 전사한 신립(申砬)의 세 아들들과 신립의 종사관으로 함께 전사한 김여물(金汝岉)의 아들이다.

신립의 세 아들들인 신경진(申景禛), 신경유(申景裕), 신경인(申景禋)은 반정의 1등, 2등 공신이기도 하지만 뛰어난 무인 기질로 새 임금 시대 내내 임금 곁에서 호위를 담당하며 국방에 앞장섰다.

김여물의 아들 김류(金瑬)는 명실상부한 반정의 특등 공신으로 신립의 세 아들들 중 특히 4년 연하인 장남 신경진(申景禛)과 친했다.

51세 홍서봉(洪瑞鳳)은 39세 되던 신해년(1611년) 동부승지였는데 장인인 황혁(黃赫)이 김직재(金直哉) 옥사에 연루되어 삭직되었다가, 반정을 주도하여 정사공신 3등에 올라 병조 참의가 되었다.

40세 양주 조씨 조창원(趙昌遠)은 왜란 때 10세 어린 소년으로 아버지 돈령부지사 조존성(趙存性)을 따라 참전했는데 광해군 시대 때 아버지가 옥사에 연좌되어 화를 입자 낙향하여 효도에 전념했다.

반정 후 형조좌랑에 올라 20여 년 이상 공직에 있으며 새 임금 시대의 총신이 되었다.

율곡 이이의 문묘 종사를 주장하기도 했던 64세 유순익(柳舜翼)은 거사 때 마침 인목대비의 서궁을 지키고 있었는데 거의대장(擧義大將) 김류의 반정군 진입 시 궁궐 호위를 느슨하게 하는 임무를 수행했다.

그 공으로 그는 정사공신 3등에 올라 9년 뒤 73세에 죽기까지 공직에 머물렀다.

광해군 시대의 핵심인사들이 먼저 줄줄이 화를 당했다.

임해군 제거, 유영경 사사, 김제남 무옥과 선조 손자 진릉군 제거, 영창대군 서인 강등과 김제남 사사, 영창대군 제거와 인목대비 폐모론 발의, 인목대비 서궁 유폐 등에 앞장섰던 이이첨(李爾瞻)과 정인홍(鄭仁弘) 등 대북파의 수뇌들이 먼저 화를 입었다.

63세 이이첨은 반정 소식을 듣고 가족과 함께 영남으로 도주하던 중 광주 이보현(利甫峴)에서 관군에 잡혀 죽고 그의 세 아들들 이원엽(李元燁), 이홍엽(李弘燁), 이대엽(李大燁)도 처형되었다.

이대엽은 반정 공신이자 신립의 아들인 신경유의 매부인데도 화를 입었다.

88세 정인홍은 반정 후 참형되고 재산은 몰수되었다.

율곡 이이는 생전에 1년 연상인 정인홍을 두고 '강직과 식견이 균형을 잃고 있어 큰 장수는 안 되고 돌격 선봉장은 감당할 사람'이라고 했다.

퇴계 이황은 제자 정탁의 친척인 정인홍을 만난 뒤 '강한 면이 지나쳐 독하고 성정이 엄하나 치우쳐 있어 오래 곁에 둘 위인은 못 된다.'며 제자로 받아들이기를 거절했다.

62세 평택 임씨 임건(林健)은 '이이첨의 심복으로 언관에 있으면서 폐모를 주장하는 등, 전후 논계에 참여하지 않은 일이 없었다.'는 죄로 남해(南海)로 유배되어 위리안치되었다.

37세 풍천 임씨 임기지(任器之)는 '이이첨의 친아들과 다름없을 정도로 심복이었다. 유생 때부터 폐모를 주장하는 등 흉악함이 극에 달했다.'는 이유로 언관의 탄핵을 받아 멀리 유배되었다.

현풍 곽씨 곽천호(郭天豪)는 이이첨의 무리로 지목되어 중도부처 되었다가 무진년(1628년) 유효립 등 대북파 잔당의 역모에 연루되어 죽었다.

47세 죽산 박씨 박홍도(朴弘道)는 광해군 때 변방으로 위리안치된 일로 반정 직후 좌부승지가 되었지만 곧 이이첨에 협력한 죄가 드러나 참형 당했다. 57세 전유형(全有亨)은 오장도(五臟圖)를 그리는 등 의술이 뛰어나 광해군과 광해군 비를 치료하기도 한 경력으로 살아남아 중추부지사(정2품)가 되었으나, 이유림(李有林) 옥사(獄事) 때 조정 멸시 죄목으로 파직당한 뒤 이괄의 난에 내응하였다는 무고를 받아 정상적인 절차도 없이 성철(成哲) 등 37인과 함께 참형 당했다.

51세 권진(權縉)은 반정 직전까지 병조판서였는데 뻣뻣하다는 이유로 이이첨 일파로부터 줄기차게 탄핵 당했다.

반정이 일어나 관료들이 모두 도망쳤을 때, 김류(金瑬), 홍서봉(洪瑞鳳) 등의 추천을 받고 홀로 오위(五衛)의 군사를 모아 궁궐을 호위하여 공을 세웠다. 하나 반정공신들로부터 계축옥사(1613년) 때 형방승지로 인목대비 생부 김제남을 곤욕 시켰다는 무고를 받고 양산에 유배되었다.

이듬해 갑자년(1624년)에 반정공신들의 사주를 받은 경상도관찰사 민성휘(閔聖徽)에 의해 왜인과 내통하여 반란을 꾀했다는 죄목으로 참형 당했다.

계축옥사(1613년)의 핵심으로 동료 서자들인 김평손(金平孫), 심우영(沈友英), 서양갑(徐羊甲), 박치의(朴致毅), 박치인(朴致仁), 이경준(李耕俊) 등은 모두 처형되었지만 혼자만 용서 받고 석방되었던 전 영의정 박순(朴淳)의 서자

박응서(朴應犀)는 반정 이후 붙잡혀 평안 병사를 지낸 한희길(韓希吉)과 함께 3월 19일 주살(誅殺)되었다.

10년 전 계축옥사의 두 주범이 마침내 새 세상에서 죽음을 맞은 것이다.

갑자년(1624년)은 계해정변의 공신인 이괄이 반란을 일으켜 벽두부터 피바람이 불었다.

1월 17일 문회, 이우, 권진 등이 이괄 등의 반란을 고발했다.

1월 21일 이귀가 이괄을 국문할 것을 요청했다.

1월 24일 이괄이 의금부 도사 등을 죽이고 반란을 일으키자, 도원수 장만에게 '이괄을 목 베는 자는 포상한다.'는 사실을 널리 알리게 했다.

1월 28일 이괄의 친족을 가두게 했다.

1월 29일 도원수 장만이 정충신이 이괄의 반란군을 공격한 일을 보고했다.

2월 3일 의금부가 이괄의 처를 효시할 것을 요청했다.

2월 4일 이괄의 처와 아우 이운을 처형했다.

2월 12일 체찰부사 이시발과 총독부사 최명길 등이 이괄이 도주했다고 보고했다.

2월 14일 공주산성 수비를 강화하는 중에 '이괄, 한명련이 부하들에게 살해되었다.'는 보고가 들어왔다.

2월 15일 반란군 대장 이수백과 기익헌이 이괄, 한명련의 수급을 공주 행재소에 바쳤다.

2월 17일 반란군 군관 박정주, 오영길을 군문에 효시했다.

2월 21일 이괄의 아우 이우, 조카 이득인, 자근동을 처형했다.

2월 25일 이괄의 군관인 안현, 신계홍, 최제 등을 효시했다.

2월 28일 이괄과 한명련의 사촌과 이일화, 박전을 귀양 보냈다.

3월 3일 이제의 처남 윤형산과 이괄의 군관 이석윤을 처형했다.

3월 15일 평안도 철산 앞바다 가도를 무단 점거한 명나라 장수 모문룡(毛文龍)이 차관 모유준 등을 보내 역적 이괄의 난을 평정한 것을 축하했다.

11월 2일 이괄의 난에 관련된 역적들의 재산을 난을 진압한 진무공신들에게 주고, 이미 매매한 집은 찾지 말도록 했다.

이괄의 난에서 보듯이 역모를 꾀하는 일에는 다 그럴만한 이유가 있지만 나라와 임금에게 정면공격을 가하는 짓이므로 자신의 죽음은 물론이고 멸문지화를 각오해야 마땅했다.

이괄은 외아들 이전(李旃)을 압송하려 한성에서 선전관과 의금부 도사 일행이 들이닥치자 그들을 죽이고 내친 김에 반란을 일으켰다.

정월에 들어서며 '평안 병사 겸 부원수 이괄이 한명련(韓明璉), 정충신(鄭忠信), 기자헌(奇自獻), 현즙(玄楫), 이시언(李時言) 등과 반역을 꾀한다.'는 밀고가 있었다.

한명련은 7년 왜란의 일등 공로자로서 명나라 제독 마귀(麻貴)가 특천하여 오위장이 될 정도로 전쟁 중에 혁혁한 전공을 수없이 쌓았다.

하나 역모를 꾀한다는 무고로 압송되어 가는 도중 이괄이 구출하여 그의 반란에 가담하게 되었다.

무고가 엉뚱한 사람까지 진짜 역모자로 만든 꼴이다.

한 때 한성을 점령하여 새로운 왕조를 세울 듯했지만 곧 반격을 당해 쫓기던 중 이천에서 이괄과 함께 내부 반란자들에 의해 살해당했다.

현즙은 도원수 장만의 중군이 되어 이괄의 난을 토벌하러 가던 중 '이괄과 한 패'라는 누명을 쓰고 처형되었다가 3년 뒤인 정묘년(1627년)에 누명을 벗고 관작이 복구되었다.

이시언은 왜란 중에 경주 탈환에서 크게 활약하고 병신년(1596년) 이몽학의 난을 진압하는데도 크게 기여했다.

계해정변(1623년 3월 12일)으로 새 시대가 열리자 순변부원수가 되었지만 '이괄과 내응할지 모른다.'는 이유로 35명이 갑자기 처형될 때 함께 희생되었다.

'내응할지 모른다.'는 김자점 등의 주장으로 억울하게 죽임을 당한 35명은 사실 이괄의 난 직전에 전임 교수 문회(文晦)가 이우(李佑), 김광숙(金光䎘) 등과 함께 '선조 임금의 7남인 인성군(仁城君) 이공(李珙)을 왕으로 추대하는 역모가 있다.'고 밀고하며 나열한 40여 명에 속한 사람들이다.

문회는 이괄의 난이 진압된 뒤 진무공신 3등에 올랐지만 이듬해인 을축년(1625년)에 일신의 영달을 위해 박응성(朴應晟) 등의 무고를 조작하다 도리어 자신이 유배형에 처해지기도 했다.

사람들은 '고변으로 공신이 된 사람'이라며 그를 외면했다.

광해군 때 영의정을 지낸 기자헌은 '광해군의 총신으로서 반정에 참여할 수 없다.'며 동조하지 않았고 반정 후에 협조하라고 해도 '그럴 수 없다.'며 버티다가 계해년(1623년) 7월 역모죄로 압송되어 중도부처 된 상태에서 이괄의 난을 만난 것이다.

'내응할지 모른다.'는 이유로 그 자신도 처형되고 일족도 몰살당했다.

3년 뒤인 정묘년(1627년)에야 나와 이귀가 상소하여 복관되게 했다.

참으로 애석한 일이 아닐 수 없지만 일단 역모죄에 연루되거나 무고되면 화를 피하기 어려운 것이 다반사였다.

경주 김씨 35세 김원량(金元亮)은 고려 말부터 대대로 충청도 보은에 거주했는데 유생 신분으로 반정에 참여하기 곤란하다며 미온적인 태도를 고수했는데도 계해반정 후 정사공신 3등에 올랐다.

사헌부 지평(정5품)으로 있으면서 이괄의 난이 나자 '이괄이 난을 일으켰을 리 없다.'며 백방으로 구명운동을 폈다.

결국 모반이 사실로 드러나 이괄이 부하들 손에 죽게 되자 계해반정의 최고 공신인 승지 김자점이 '옥에 가둬야 한다.'고 하여 투옥되었다.

이후 이괄의 반란군이 한성을 위협하게 되자 '내응할지 모른다.'는 김자점의 주장에 따라 다른 수십여 명의 죄수들과 함께 옥중에서 참살되었다.

그의 사후 37년 뒤에야 부인 이씨가 문제를 제기하여 마침내 훈작이 복구되고 호조판서에 추증되었다.

48세 광주 정씨 정충신은 계사년(1593년) 2월 12일 행주산성에서 대첩을 이룬 권율이 의주 행재소에 승전보를 알릴 사람을 찾을 때 16세 어린 나이로 자원하여 왜적이 들끓는 길을 홀로 뚫고 의주에 도착, 병조판서 이항복으로부터 칭찬을 듣고 그의 개인교습으로 경전과 병법을 배워 그 해 가을 무과에 급제한 사람이다.

계해년(1623년)에는 안주 목사 겸 방어사로 있었는데 이듬해 이괄의 난이 나자 도원수 장만 휘하로 들어가 황주, 안산 등지에서 반란군을 무찌른 전공으로 난이 진압된 후 진무공신 1등에 올랐다.

하지만 처음 반란 소식을 듣고 '이괄과 친하니 무고 당하게 될 것'을 알고 오해를 불식시키려 성을 버리고 달아난 것이 꼬투리가 되어 전공을 세우고도 체포되었지만 곧 풀려났다.

갑자년(1624년)에 죽을 고비를 넘긴 뒤 후금과의 관계에서나 임금을 섬기는 일에서 많은 공로를 쌓으며 12년을 더 살았다.

반란자들이 '인성군을 왕으로 추대하려 한다.'는 무고로 임금의 숙부인 36세 인성군은 간성으로 유배되었다.

원주로 이배되었다가 생모 정빈 민씨가 위독하여 석방되었는데, 4년 뒤 다시 유효립(柳孝立) 등 대북파 잔존세력이 '인성군을 추대하려 한다.'고 하자 다시 진도로 유배되어 40세에 사사되었다.

인성군 또한 사후 9년 뒤에야 누명이 벗겨져 복관되었다.

진압작전을 총괄한 도원수 장만은 '반란군이 한성을 점령하는 일이 생겨 임금이 공주로 피하고 세자가 전주로 피하는 일이 생겼다.'며 탄핵하는 통에 백의종군해야 했다.

1월 25일 임금은 도원수 장만에게 '무고 당한 정충신을 용서하라.'고 명령 한 뒤 '임금이 몸소 반란을 정벌하겠다.'고 했다.

1월 26일 임금은 도원수에게 '관군이 힘써 싸우도록 격려하라.'고 지시했다. 1월 27일 도원수가 '반란군이 자산에 머물고 있다.'고 보고했다.

1월 29일 도원수가 정충신이 반란군을 공격한 일과 반란군의 형세 및 대응책을 보고했다.

2월 2일 비변사가 '김류를 총독 군문으로 삼아 군 통솔을 맡기자.'고 했다. 도원수가 '상원을 공격하고 중화로 향하고 있다.'고 보고했다. 도원수가 반란을 진압하지 못한 일로 처벌을 자청했다. 심기원을 병조 참판에 임명했다.

2월 3일 반란군이 가까이 올 것에 대비, 임금의 장인인 한준겸에게 말과 인부를 준비시켰다.

2월 4일 이괄의 처와 아우를 처형했다.

2월 6일 도원수가 황해 평산 방어에 대해 보고했다. 이전의 처 계이, 이방좌 등을 처형했다.

2월 7일 도원수가 '이시발과 함께 평산에서 반란군과 결전하겠다.'고 했다. 서평부원군 한준겸이 숙위(宿衛)를 자원한 관학(官學) 유생은 정엽에게, 한산직(閑散職)의 문관, 음관은 체찰사에게 예속시킬 것을 요청했다. 사간원이 부체찰사 이시발, 독전어사 최현, 호조참판 조존성, 서평부원군 한준겸의 신문을 요청했다.

2월 8일 임금, 자전, 중전 등이 피난길에 올랐다. 우의정 신흠, 서평부원군 한준겸 등에게 자전(慈殿: 임금 모친)과 중전의 강화도 호종을 명했다. 정경세, 심기원, 김상용에게 각각 영남, 호남, 호서를 검찰하게 했다. 이괄을 비호하다 승지 김자점의 건의로 하옥된 계해정변 공신 35세 경주 김씨 김원량(金元亮)을 '내응할지 모른다.'는 김자점의 주장으로 참수했다.

2월 9일 임금 행렬이 수원에 도착했다. 8도의 감사, 병사들에게 경계령을 내렸다. 영의정 이원익, 좌의정 윤방 등이 세자 책봉을 서둘러야 한다고 했다. 사헌부, 사간원, 홍문관이 도원수를 탄핵했다. 이괄의 반란군 일부가 한성 중심 거리를 말 타고 누비며 민심 잡기에 나섰다.

2월 10일 이괄이 한성에 무혈입성 했다. 이괄은 임금을 따라 공주로 향하다가 도중에 도망쳐 반란군에 합류한 선조 임금의 10남 흥안군(興安君) 이제(李瑅)를 임금에 앉혔다.

같은 날 심기원을 한남도원수에 임명하고, 이경직을 청왜사(請倭使)로 왜국에 보내 도움을 요청하려다 그만두었다.

2월 11일 장수 현감 장우한의 군사를 도원수에 예속시켰다. 이괄은 '도원수 장만의 관군을 격퇴시킨 뒤 아침밥 먹겠다.'며 길마재(무악재)로 출병했지만, 길마재에서 장만의 관군에게 대패했다.

2월 12일 임금 행렬은 길마재 대승 보고 받고 천안에 머물렀다. 사헌부와 사간원이 도원수를 탄핵했다. 체찰부사 이시발과 총독 부사 최명길 등이 이괄이 한성에서 도주했다고 보고했다.

2월 13일 좌의정 윤방을 한성에 보내 진무하게 했다. 전라 감사 54세 전주 이씨 이명(李溟)의 군대로 임금 행렬을 호위하게 했다.

2월 14일 임금 행렬이 공주에 도착했다. 도원수가 강화도의 곡식 수송에 대해 보고했다. 사헌부, 사간원이 도원수 장만의 백의종군을 건의했다. 이괄, 한명련이 반란군 군관들에게 살해되었다고 했다.

2월 15일 반란군 군관 이수백, 기익헌이 이괄, 한명련 등의 수급을 공주 행재소에 가져오자, 도체찰사 이원익의 이름으로 승전을 알리는 포고문을 지은 후 수급을 바치게 했다. 예조에서는 한성 수복을 진하할 것을 건의했다. 임금은 종묘 신주를 봉안된 곳에 나아가 반란이 평정되었음을 고했다.

2월 16일 흥안군 이제가 소천(昭川)으로 도망가 숨어 있다가 현감 안사성(安士誠)에게 붙잡혀 한성으로 압송되었다. 심기원, 신경진, 장만이 상의하여 흥안군 이제를 처형했다. 사헌부와 사간원이 장만, 심기원 등이 멋대로 흥안군 이제를 처형한 일을 탄핵했다.

2월 17일 이괄의 군관 박정주, 오영길을 군문에서 효시했다. 임금은 영의정 이원익과 요역 감면을 논의했다.

2월 18일 임금 행렬이 공주를 떠나 전의에 머물렀다. 청주 사람 채종길이 임금 행렬을 한성까지 호위하겠다고 하여 6품직을 제수했다.

2월 19일 임금 행렬이 직산에 도착했다.

2월 20일 임금 행렬이 수원에 도착했다. 예조에서는 도둑맞은 종묘 제기 대신 문묘 제기를 쓰자고 했다. 폭설로 병사들이 다 젖어 민가에 나가 말리게 했다.

2월 21일 임금 행렬이 과천에 도착했다. 이괄의 친동생 이우, 조카 이득인, 자근동을 처형했다.

2월 22일 임금은 도원수에게 백의를 벗고 한성으로 환도하는 임금 행렬을 호위하게 했다. 좌의정 윤방이 사평원에 나와 임금 행렬을 맞았다. 한성에 환도한 임금은 종묘에 나아가 환안제, 위안제를 올렸다.

2월 23일 전사자들을 호송하게 했다. 예조에서는 한성을 수복했으니 관료들이 임금에게 축하 올리기를 건의했다.

2월 24일 영의정 이원익이 체찰 직임을 사임했다. 반란을 초기에 막지 못한 신경진, 심기원을 각각 한 자급(資級)씩 삭탈했다.

2월 25일 한명련의 어미, 처첩, 아들 한간, 한활 등을 효시했다. 이괄 군관 안현, 신계홍, 최제 등을 효시했다.

2월 28일 이괄, 한명련의 사촌 이일화, 박전을 귀양 보냈다.

2월 30일 이익, 이개동, 김연생 등을 효시했다. 정석필의 장인 임석겸을 효시했다.

3월 20일 도원수 장만이 공훈 삭제와 도원수직의 사임을 요청했다. 임금은 장만을 도원수 겸 개성유수로 임명했다.

이괄의 난은 1월 24일부터 2월 14일까지 일어났지만 20여 일 동안에 수많은 일들이 생겼던 셈이다.

이괄의 난 초기 때 있었던 일이다.

황해도 북쪽 예성강 상류 마탄(馬灘)에서 관군이 패배했다는 급보가 날아들자 임금과 임금 가족의 피난 문제가 수면 위로 떠올랐지만 어디로 갈 것인지를 두고 다시 의견이 분분했다.

정경세 등은 영남지방, 김류 등은 호남지방을 주장했다.

인심이니 양식이니 그럴 듯한 명분을 나열했다.

장유는 공주산성이 튼튼하다며 공주를 주장했다.

이정구는 자전(임금 모친) 대신 임금을 호종하게 해 달라고 했다.

대사간 정엽은 '이정구가 어찌 자전의 사신(私臣)이냐?'며 비변사에 남아 전체 돌아가는 일을 살펴야 한다고 했다.

오윤겸은 '피난 중이라도 원자를 공부시키는 일은 지속해야 한다.'고 했다.

임금은 '이정구가 자전을 호위하며 원자 가르치는 일도 함께 하라.'고 했다.

장유는 '훈련도감의 포수들을 그냥 놓아두면 자칫 반란군에 활용될 테니 서둘러 배치시켜야 한다.'고 했다.

임금은 '이천 방어사 신경진이 훈련도감의 정예병 1천 5백여 명을 맡으면 될 것'이라고 했다.

1월 25일 자전(慈殿)을 강화도에 피신시키는 대책을 논의했다. 장유가 자전을 강화도에 피신시키는 것은 타당하지 않다고 했다.

2월 7일 신주 및 자전, 중전의 피난과 임금 대가의 호위 등을 논의했다.

2월 8일 우의정 신흠, 서평부원군 한준겸 등에게 자전과 중전의 강화도 호종을 명했다. 호조참판 조존성에게 자전, 중전의 호위와 양식을 관리하게 했다. 임금이 공주산성으로 피난 가는 일을 논의했다. 임금과 자전, 중전 등이 피난길에 올랐다.

2월 9일 대비전이 중전의 피난 일행과 합류했다.

2월 10일 왕세자가 전주에 이르렀다.

2월 13일 임금의 대가(大駕)가 공주로 향했다.

2월 14일 임금이 공주에 머물렀다. 공주산성 수비를 논하는 중에 이괄, 한명련이 살해됐다는 보고를 받았다.

2월 18일 임금의 대가가 공주를 떠났다.

3월 23일 왕세자가 전주에서 돌아왔다.

20여 일 동안의 반란이지만 상처는 의외로 깊고 컸다.

황해 좌방어사 47세 청해 이씨 이중로(李重老)는 예성강 전투에서 황해 우방어사 37세 전주 이씨 이성부(李聖符) 등과 같이 전사했다.

임금은 이중로가 늙은 아버지가 있는데도 전사했다며 슬퍼했다.

이성부는 계축옥사(1613년)에 연루되어 삭직되었다가 반정 때 이괄과 함께 선봉장으로 참여한 뒤 강화 부사로 나가 수군의 반발을 평정했다.

이괄은 풍천 부사 46세 밀양 박씨 박영신(朴榮臣)의 용맹함을 알기에 회유에 애를 썼지만 이수백이 후환 운운하며 목 베어 죽였다.

이수백은 박영신의 아들에게 후일 처참하게 복수 당하게 된다.

박영신은 무신임에도 영창대군 구명에 앞장서다 진도로 유배 갔는데 계해반정으로 오위장으로 복귀했다가 노모 봉양을 위해 임금의 특별 배려로 풍천 부사로 내려갔었다.

반란군을 보자 다들 도망치기 바빴는데도 홀로 싸우다 활이 부러져 잡혔다.

함께 붙잡혀 죽은 옹진 현령 44세 파평 윤씨 윤정준(尹廷俊)과 목숨이 다할 때까지 반란 주모자들을 꾸짖었다.

윤정준은 무오년(1618년) 벽동 군수로 있으면서 도원수 강홍립과 함께 요동에 진군, 군량 운반 임무를 총괄하고 돌아왔다.

박엽(朴燁)의 탄핵을 받아 낙향했다가 반정 후 옹진 현령이 됐는데 부원수 이수일(李守一)의 지휘로 예성강 마탄을 방어하다 붙잡혀 죽은 것이다.

9척 장신에 용모가 남달라 절개 있는 선비들인 김응하(金應河), 박영신(朴榮臣) 등과 특히 친했다.

비록 종이지만 담력이 대단한 결이(玦伊)를 늘 데리고 다녔는데 주인 윤정준이 죽임을 당하자 말을 달려 옹진에 돌아와 말을 맡기고 통곡하며 바다에 빠져 죽었다.

연안 부사 이인경(李寅卿)은 병신년(1596년) 이몽학의 난 때 무고를 당해 29세 젊은 나이게 옥사한 호남의 대표적 의병장 김덕령의 처남인데 김덕령과 함께 의병장으로 눈부신 전공을 많이 쌓은 뒤 경원 부사를 지냈다.

이괄의 난 때는 방어사로 마침 황해도에 있었는데 지원병이 오기도 전에 반란군이 들이닥치자 수백 명으로 선봉에 서서 대승을 거뒀다.

좌협장(左協將) 30세 진주 유씨 유효걸(柳孝傑)은 원래 도원수 장만의 별장으로 북변 수비에 종군했었다.

반정 전에는 황주 목사로 있으면서 폭행과 착취가 심하다 하여 탄핵을 받고 의금부에 투옥된 상태였는데 반정 이후 석방되어 관직에 복귀한 것이다.

그는 황주 전투에서는 패했지만 곧 한성으로 향하는 반란군을 추격하여 길마재(무악재)에서 대파했다.

반란군이 한성을 빠져 나갈 때는 소수 기병만으로 추격하여 반란군에 큰 타격을 입혔다.

난이 진압된 뒤 진무공신 2등에 올라 뒤에 경기 수사가 되었다.

39세 강릉 김씨 김기종(金起宗)은 무오년(1618년) 증광문과에 장원급제했는데 반정 후 서인들이 '무오년 과거는 이이첨이 제 당파를 심기 위해 부정을 눈감아 준 시험이었다.'며 공격하자 자연히 주요 직책에서 소외되었다.

하나 이괄의 난이 발발하자 도원수 장만의 종사관이 되어 공을 세운 덕에 진무공신 2등에 올라 그 후 과거 급제 12년 만에 호조판서가 되었다.

평안도 병사 겸 부원수 이수일(李守一)은 정유년(1597년)에 내가 4도체찰사로 남쪽에 내려갔을 때 성주 목사에 앉힌 일이 있어 잘 아는 사람이다.

당시에는 명령을 어겼다 하여 곤장을 친 일도 있지만 이괄의 난 때는 70세 노구를 이끌고 반란군을 길마재에서 격퇴하여 한성의 반란군이 도주하게 하는데 큰 공을 세웠다.

그 공으로 진무공신 2등에 올라 4년 뒤에는 형조판서를 역임했다.

나는 임인년(1608년) 생인 그의 아들 이완(李浣)이 나중에 나라를 위해 큰 일을 할 것으로 알고 나보다 7년 연하인 경주 이씨 이수일을 만날 때마다

'아직도 곤장 맞은 데가 아프냐?'고 우스갯소리 하며 '이완을 잘 키워 장차 나라를 위해 큰 업적을 쌓게 하라.'고 신신당부했다.

50세 성준구(成俊耉)는 광해군 시대에 이이첨에게 배척당해 15년 동안이나 유배지를 전전하며 귀양살이한 뒤 부안에 살고 있었는데 이괄의 난이 일어나자 경기도 안산으로 달려가 사재를 털어 의병을 모집했다.

난이 끝난 후 군자감정(軍資監正: 군량, 무기를 관리하는 군자감의 정3품)을 시작으로 선천 부사 등을 역임했다.

이괄의 부하 이수백은 조정에서 '이괄의 목을 베어 오는 자에게는 부원군에 봉하고 천금을 주겠다.'고 하자 기익헌(奇益獻)과 함께 이괄, 이괄의 아우 이수(李邃), 이괄의 아들 이전(李旃), 한명련(韓明璉) 등 9명의 목을 베어 원수부(元帥府)에 전했다.

그 공로로 죽음을 면하고 귀양 갔다가 수년 후 사면되어 편의대로 거주하게 되었다.

그러나 이괄의 난 때 전사한 이중로의 아들 이문웅(李文雄)과 반란군에 붙잡혀 죽은 풍천 부사 46세 밀양 박씨 박영신(朴榮臣)의 아들 박지병(朴之屛)이 대낮에 한성 거리에서 이수백을 붙잡아 목 베어 죽였다.

이수백은 선조 임금 말년인 병오년(1606년)에 경원 판관을 지내고 정사년(1617년)에는 포도청 종사관을 지냈다.

한데 자리를 이용해 사리사욕을 채우는 것은 물론 수절 과부를 검간하는 등 행패가 심했었다.

특이한 일은 계해정변의 1등 공신인 광주 이씨 이흥립(李興立)의 경우다. 궁궐을 지키는 책임자로서 반정군에게 문을 열어준 덕분에 정사공신(靖社功臣) 1등에 올랐다.

광해군 시대의 내로라하는 권신 밀양 박씨 박승종(朴承宗)과 인척인데다 영의정이던 그의 도움을 받아 훈련대장 등을 지냈기 때문에 당연히 반정군에 합류하기 어려운 처지였다.

하지만 사위인 장신(張紳)이 형인 장유(張維)의 부탁을 받고 설득하여 절체절명의 순간에 반정군을 돕기로 한 것이다.

참으로 기기묘묘하게 얽히고설킨 관계 속에서 반정군을 돕는 가장 중요한 인물이 막판에 돌연히 나타난 셈이다.

이흥립이 가장 가까운 사람으로 여기는 박승종은 영의정을 지낸 권신인데다 아들 박자홍(朴自興)의 딸이 세자빈인지라 절대로 반정군에 가담할 수 없는 입장이었다.

역모가 있을 것이라는 사실을 오래 전부터 감지한 박승종이 믿을 만한 정보를 얻어 이흥립을 조사했지만 이흥립은 능청스레 시치미를 뗐다.

결국 경기 감사로 진압군을 출동할 수 있었던 박자홍이나 정보를 미리 갖고 있던 박승종은 모든 걸 운명으로 받아들인 채 과천의 절에서 대낮에 함께 목매 죽었다.

아버지 박승종은 61세, 아들 박자홍은 42세였다.

박자홍의 딸인 폐세자빈 박씨는 광해군과 함께 강화도에 위리안치되었는데 폐세자가 땅굴을 파고 도주하다 붙잡히자 자결했다.

참으로 기구한 운명이라 아니할 수 없지만 권불십년(權不十年)이라는 말에 비춰보면 모든 게 인과응보인 셈이기도 하다.

기울 때가 되어서 기울고 일어설 때가 되어서 일어선다는 대자연의 법칙에 견줘 보면 아무리 오리무중 같아도 그 나름의 질서가 엄연히 있는 것이다.

이흥립은 정사공신 1등, 형인 장유는 2등, 동생인 장신은 3등에 올라 계해반정 이후의 새 시대를 맞았다.

한데 이흥립이 문제였다.

이괄의 난이 일어나자 수원 부사 겸 경기 방어사가 되었는데 목숨을 걸고 싸우지 않고 너무 쉽게 투항해 난이 평정된 후 감옥에서 자결해야 했다.

임금은 3월 13일 나와 임금의 장인인 서평부원군 한준겸에게 집 한 채씩을 하사했다.

청주 한씨 한준겸은 나보다 10년 연하인데 광해군 말년 1년여 이상 동안 도원수로서 병권을 쥐고 있었다.

이괄의 난이 일어나기 2개월여 전부터는 도체찰사로 지방의 민심 수습에 앞장섰다.

나나 그나 '병든 늙은 몸으로 공직에 있는 것만 해도 은혜를 넘치게 입은 것인데 웬 집이냐?'며 극구 사양했지만 임금은 특히 나를 두고 '공직 50여 년에 살 집마저 없는 형편인 걸 누구보다 더 잘 안다.'며 한사코 강권했다.

　임금은 내가 살던 집을 장손 이수함(李守誠)에게 주어 제사 모시는 일 등 집안 일 치르는데 부족함이 없도록 한 일을 누구에게 들었는지 소상히 꿰고 있었다.

　29세 임금은 조선왕국 역사에 특히 관심이 많아 수시로 선대 임금들과 총신들에 대한 이야기를 인용하기 즐겼다.

　"나는 영상을 뵈면 태종 임금, 세종 임금 시대를 빛내며 조선왕국 기틀을 튼튼히 쌓고 다졌던 총신들을 떠올리게 됩니다. 그 중에서도 특히 85세를 살며 숱한 일화를 남긴 성석린, 78세를 살며 도인 같은 면모를 보였던 맹사성, 87세를 살며 충효의 모범을 보였던 황희를 생각하게 됩니다. 성석린은 나무궤짝을 벗 삼아 아예 양화(養和)라는 이름까지 지어주었다고 하지 않습니까? 맹사성은 여러 종류의 악기들을 손수 만들어 틈만 나면 연주했다고 합니다. 나는 지금도 소를 타고 오가는 맹사성을 떠올리면 저절로 웃음이 나옵니다. 나는 그런 세 분을 한데 모아 놓은 듯한 영상을 곁에 두고 있어 얼마나 다행스러운지 모릅니다."

　"칭찬이 지나치시니 듣기 참 거북하고 송구스럽습니다. 어떻게 감히 그 세 분들과 견줘질 수 있겠습니까? 한 가지 견줘질 만한 게 있다면 고작 분수에 넘친 나이뿐입니다."

　"아닙니다. 내가 듣기로는 영상께서도 거문고를 손수 만들어 틈틈이 연주한다던데 언제 한 번 들려주십시오."

　"송구스럽습니다. 취미로 한두 개 만들어 즐긴 적이 있지만 왜란 중에

다 사라져 그 뒤로는 그저 전란에 희생된 원혼들이나 달래며 지냅니다. 외람된 말씀이지만 나이가 분에 넘치게 높아지다 보니 자연히 초상집 다니는 일과 만사(輓詞), 비문(碑文), 유사(遺事) 써주는 일만 나날이 느는 것 같아 마음이 참 착잡합니다."

청년 임금은 77세 영의정을 다시 바라보며 그저 빙그레 웃기만 했다.

을축년(1625년) 새해부터 몸이 좀 안 좋다며 술부터 일단 끊더니, 4월 11일 마침내 초계 정씨 수몽(守夢) 정엽(鄭曄)이 62세를 일기로 생을 마쳤다.

아호의 뜻처럼 '꿈을 지키다' 꿈이 사라지자 훌쩍 함께 떠난 것이다.

계해년(1563년) 생으로 나보다는 16년이나 연하이지만 오랜 공직생활에서나 홍천 유배 시절에나 여주 낙향 때나 그로 인해 항상 행복했다.

선조 임금 대의 총신이 광해군 시대는 훌쩍 건너뛴 후, 환갑에 맞이한 새 시대 초기 3년여 동안 정말, 정말 아낌없이 모든 걸 불살랐다.

사헌부 수장인 대사헌과 사간원 수장인 대사간을 겸직하는 첫 사례도 만들었다.

관료사회 감찰과 임금에게 쓴 소리하는 일이 주무인 대사헌을 다섯 차례나 역임했다.

환갑이 지난 고령에 한꺼번에 네 가지 직책을 맡기도 했다.

아무래도 무리였다.

어릴 때부터 신동으로 불리며 유명해 진 이유도 있지만 무엇보다도 매사를 훤히 꿰뚫어 보는 안목이 있는데다 갈등과 대립을 무난히 조정하는 능력 또한 탁월해서 청년 임금이 특별히 과중한 부담을 지웠던 셈이다.

이괄의 난이 났을 때 여기다 저기다 하며 다들 그럴듯한 이유를 댔지만 임금은 그가 하는 말에 가장 무게를 두고 결국 공주로 피난 갔다.

신주(神主)를 비롯하여 12세 원자 이왕(李汪: 후일의 소현세자), 46세 자전(인현왕후), 30세 중전(인열왕후)을 강화도로 먼저 보내는 일도 그가 제안하여 관철했다.

광해군이 강화도로 위리안치될 때는 느닷없이 그가 나서서 '전날에 군주였으므로 관료들이 곡(哭)을 하며 보내야 한다.'고 했다.

다들 정신 나간 사람으로 알았지만 사실은 그가 왜 그런 말을 하여 주위를 놀라게 했는지 훤히 다 알고 있었다.

섬기던 군주인데 '여느 죄수처럼 보낼 수 없지 않느냐?'는 그의 속뜻에 사실은 다들 이심전심으로 공감했다.

일어서는 후금과 가라앉는 명나라 사이에서 조선왕국이 갈피를 못 잡을 때 그는 과감히 나서서 겉으로만 친명정책을 펴고 실제로는 후금의 확장과 침략에 적극 대비해야 한다며 '앞으로는 국왕이 삼군을 이끌고 개성으로 진주해야 한다.'고 주장했다.

청년 임금은 후금의 가공할 잠재력을 알기에 그의 소위 친정(親征)의 계책에 선뜻 동의했다.

계해년(1623년) 8월 23일 경연에서 〈논어〉를 강론하는 자리에서 친정 계책이 논의되었다.

계해년(1623년) 11월 12일 임금은 '유사시에는 국왕이 친히 군사를 이끌고 친정(親征)할 것'을 결정했다.

내우외환이 있을 경우 국왕이 몸소 전면에 나서서 해결한다는 것이었다.

갑자년(1624년) 벽두에 이괄이 반란을 일으키자 당장 임금의 친정(親征) 문제가 대두되었다.

임금이 2개월여 전에 이미 결정한 일이라 다들 이견이 있을 수 없었다.

1월 26일 중앙의 고위관료들 중심으로 '국왕의 친정에 문관, 무관이 함께 호위하는 문제'를 건의했다.

1월 28일 임금의 친정 시에 임금 행렬을 호종하는 문제에 대해 신흠(申欽)의 사위인 32세 양주 조씨 조계원(趙啓遠) 등이 상소했다.

정엽은 공직생활 초기부터 늘 부모 공양에 역점을 두었다.

외직으로 나가야 부모 공양에 유리하다며 여러 차례 외직을 자원했다.

임울했던 광해군 시대에는 그래도 유배지에 있던 몇 해를 빼면 거의 부모 곁에 머물 수 있었다.

그는 환갑의 나이에 새 임금을 맞이하여 새 시대의 총신으로 두각을 나타내면서도 한사코 외직을 자원했다.

계해년(1623년) 9월 9일 그가 성균관 대사성 직을 버리고 지방 군수로 나가게 해 달라고 하자 임금은 깜짝 놀랐다.

결국 부모님 공양이 이유였기에 임금은 '자주 뵐 수 있도록 해 주겠다.'는 약속으로 그의 고집을 일단 꺾었다.

하지만 임금은 10월 11일 그에게 조선왕국 최초로 대사성과 대사간을 겸임하게 했다.

계해반정 후 세상이 온통 뒤숭숭할 때 연안 이씨 이시정(李時程)이 그를 조용히 찾았다.

성균관 유생 시절에 폐모 논의가 있자 가족을 이끌고 시골에 은둔했던 사람이다.

반정 직후 나라의 부름을 받아 성균관에 다시 들어가게 되었는데 5년 전 무오년(1618년)에 대북파의 위협에 못 이겨 순전히 강제로 폐모론에 동조한 유생들의 문제가 대두되었다.

그는 폐모론에 앞장선 유생들은 유적에서 삭제하되 위력에 못 이겨 추종한 이들은 제외시키자고 제안했다.

성균관 대사성으로 있던 정엽은 그 말에 공감하여 애꿎은 희생자가 없도록 최선을 다했다.

정엽은 광해군 말년에 성균관 대사성, 전라 감사를 지내고 계해반정 이후 홍문관 부제학에 오른 진주 정씨 정경세(鄭經世)와 특히 절친한 사이였다.

4월 11일에 길지 않은 생애를 마감하면서도 잠시도 일손을 놓지 못했다.

1월 9일 대간의 의견이 무시되니 차라리 대사헌 직에서 물러나겠다고 했다.

2월 5일 77세 광산 김씨 김장생(金長生)과 함께 '품계를 올려준 일은 분에 넘친다.'며 사양했다.

2월 20일 병조판서 67세 대구 서씨 서성(徐渻)과 함께 26년 전 65세에 별세한 스승 여산 송씨 송익필(宋翼弼)의 신원을 요청했다.

서성은 이이, 송익필의 문인이고 정엽은 토정 이지함(李之菡)의 주선으로 송익필에게 수업한 뒤 성혼, 이이의 문하에 출입했다.

정엽은 자신의 생애가 얼마 남지 않았다는 사실을 감지하고 마지막으로 스승의 누명을 벗겨 보려 했던 것이다.

사연은 너무 복잡했다.

송익필은 동생 송한필(宋翰弼)과 더불어 당대의 석학으로 통해 율곡 이이가 '학문을 논할 데는 오직 송씨 형제들뿐'이라고 공언할 정도였지만 송씨 집안과 순흥 안씨 집안 사이는 원래 친척관계이면서도 언제부터인가 철천지원수지간이 되어 있었다.

사건의 발단은 바로 신사무옥(辛巳誣獄)(1521년)이었다.

송씨 형세의 생부인 송사련(宋祀連)의 생모는 순흥 안씨 성균관 사예(司藝: 정4품) 안돈후(安敦厚)의 서출이라, 어려서부터 안돈후의 집을 스스럼없이 드나들었다.

하지만 자라면서 신분 차이를 절감한 뒤부터는 섭섭한 감정만 쌓이게 되었다.

그러던 중 현량과로 관직에 나간 안돈후의 손자 안처겸(安處謙)이 모친상을 벗은 후 처가에 머물며 이웃의 이정숙(李正叔), 권전(權磌) 등과 시국을 놓고 격한 말을 하게 되었다.

송씨 형제의 생부 송사련도 동석했는데 '임금 주위의 간신을 제거하여 나라를 바로 잡아야 한다.'는 말을 듣자 운세를 역전시킬 호기로 보고 처남 정상(鄭鏛)을 시켜 역모의 증거물로 안처겸 모친상 조문록 등을 들고 고변하게 했다.

송사련은 '임금 주위의 간신이란 바로 당대의 권신들인 남곤(南袞), 심정(沈貞)을 가리킨다.'며 두 권신의 영향력도 동원했다.

결국 좌의정, 중추부영사를 지낸 안처겸의 생부 60세 안당(安瑭), 그리고 35세 안처겸, 31세 안처근(安處謹) 형제가 모두 처형당했다.

이조좌랑을 지낸 안처함(安處諴)은 형으로 인해 화를 입을 것을 알고 아버지 안당과 함께 처가인 용인으로 피한 덕에 죽음을 면했다.

청도에 유배되었다 이듬해 사면되었다.

비록 혈육이 모두 화를 당했지만 자신만은 33세에 맞은 절체절명의 고비를 넘기고 집안을 잘 보존하여, 65년 뒤인 병술년(1586년)에 후손의 상소로 누명을 벗게 되었다.

바로 그 병술년(1586년)에 다시 여산 송씨 집안의 운세가 뒤집어져 송사련은 11년 전에 79세를 일기로 별세했지만 남은 송씨 형제들이 몽땅 순흥 안씨 집안의 노비로 전락하게 되었다.

세상 물정을 훤히 아는데다 제자들, 지인들이 전국에 산재한 52세 송익필과 그의 아우 송한필 등은 이름을 바꾸고 숨어 살아야 했다.

하나 세상 운세란 참으로 묘해서 정여립, 이발 등이 죽는 기축옥사(1589년)로 서인들이 집권하자, 송씨 형제들의 신분도 회복되었다.

그러나 또 다시 권신 이산해 등의 박해로 아우 송한필과 함께 유배되었다가 계사년(1593년)에야 석방되었다.

사주 풀이에 능한 생부 송사련이 자신의 기가 막힌 운세 반전을 예감하고 친척인 안씨 집안을 무고함으로써 갑자기 당상관 가문이 된 덕에 송씨 5형제가 모두 명문가에 장가들어 대학자 가문으로 다시 태어났지만, 악연이 돌고 돌아 마침내 호사다마, 사필귀정이 된 셈이다.

정엽은 식객 노릇을 하며 말년을 보낸 불우한 스승을 생각하여 마지막 순간에 신원을 요청한 것이다.

함께 신원을 요청한 서성 또한 계축옥사(1613년) 이후 10여 년 이상이나 귀양살이해야 했기 때문에 누구보다도 스승 송익필의 한 많은 일생을 통감했을 것이다.

어쨌거나 정엽은 임종 직전까지도 소임을 다하며, 계해반정(1623년)으로 열린 새 시대의 총신 역할을 누구보다도 열심히 했다.

나는 을축년(1625년) 4월 11일에 말년의 좋은 벗이자 고마운 후배를 잃었다.

녹음방초(綠陰芳草)가 세상을 온통 싱그러운 생명력으로 가득 채우고 흐드러지게 핀 꽃들이 눈부신 자태를 뽐내도, 내 마음은 한동안 그저 늦가을 서리 맞은 푸성귀 같고 한겨울 얼음에 갇힌 물고기 같았다.

병인년(1626년) 새해를 착잡한 심정으로 맞았다.

우리 나이로 80세 이상이 된 당상관 이상 관료들에게 한성부에서 특별히 예물을 들고 방문한 덕에 나도 쌀, 고기, 비단, 솜을 받았다.

하나 임금의 생모인 계운궁(啓運宮) 구씨가 오래 병석에 있다 48세를 일기로 정월 14일 별세하자 임금을 따라 모두 상주가 되지 않을 수 없었다.

남편인 선조 임금의 5남 정원군(定遠君)은 7년 전 39세에 별세했다.

아들이 임금이 되는 것을 지켜본 뒤 병을 얻어 차도가 없는 상태에서 임종을 맞았다.

한데 문제가 생겼다.

임금은 '생모이니 3년상을 입겠다.'고 하고 나를 비롯하여 좌의정 윤방(尹昉), 우의정 신흠(申欽), 예조판서 김상용(金尙容) 등은 '선조 임금이 비록 조부이기는 하나 왕통으로 보면 부자지간이 되니, 아무리 정에 이끌린다 해도 예법대로 지팡이를 짚지 않는 1년상을 입어야 한다.'고 했다.

사실 을축년(1625년) 말부터 임금의 복상문제에 대해 관료들 사이에서는 결론이 난 상태였다.

나는 고집을 피우는 임금을 설득했다.

"전하는 선왕의 뒤를 이었기 때문에 선왕의 손자이지만 아들의 도리로 대해야 합니다. 선대 임금의 종통(宗統)을 잇는 일이 친부모를 위하는 일보다 더 중요합니다. 부모를 위해 3년상을 입는 것이 잘못이라는 것이 아니라, 친부모를 임금의 계통과 대등하게 보는 잘못을 지적한 것입니다. 해야 할 일을 하지 않는 것이나 하지 않아야 할 일을 하는 것이나 모두 효성스럽지 못한 일입니다. 종통을 지켜야 하는 일에 사사로운 친족관계를 앞세우는 것은 나라의 규례에 어긋납니다."

임금은 성가시다며 고집대로 진행했다.

나는 '다들 영의정만 바라보고 있는데 영의정이 제 구실을 할 수 없으니 물러나게 해 달라.'고 연거푸 사직서를 올렸다.

계해반정의 특등 공신인 병조판서 이귀가 임금을 비호한답시고 상소를 올려 나를 공격했다.

지난해에 임금이 '모친의 쾌유를 위해 아들 된 도리를 다해야겠으니 유명한 산과 강을 찾아 정성을 다해 제사를 올리도록 하라.'고 했을 때 내가 반대한 일을 꼬집었다.

"계운궁의 병이 위중할 때 전하는 아들 된 심정으로 이름 있는 산과 큰 강에 빌어 보고 싶어 대신들에게 묻자 영상은 외람된 일이라며 반대했습니다. 전부터 제후가 자기 강토 안에 있는 산과 강에 제사 지내는 것은 예법이었습니다. 한데 전하는 한 나라의 임금이 아닙니까? 부모를 위해 나라 안의 산과 강에 빌겠다는데 무엇이 문제가 됩니까? 영상은 인망은 있지만 식견이 무속합니다. 예법책의 기본 뜻을 알기나 하고 옳으니 그르니 하는 것입니까? 영상은 극도로 노쇠합니다. 맞지 않는 말을 한다고 해도 이상할 게 없습니다."

임금은 도성 밖 한강에 나가 사직서를 올리는 내게 승지를 보내 '이귀의 말은 본래 맞지 않는 말이니 노여워하지 마라.'며 사임을 불허했다.

2월 들어 좌의정 윤방과 우의정 신흠이 '영상이 물러나겠다니 우리도 물러나야 옳다.'며 사직서를 올리자 임금은 결국 고집을 꺾었다.

3정승과 예조가 정한 대로 '능원군(綾原君)을 상주로 세워 3년상을 입게 하겠다.'며 '억지로 따르겠다.'고 했다.

나를 비롯하여 관료들은 모두 한결같이 주장했었다.

"천자는 천자의 계통을 계승하고 제후는 제후의 계통을 계승해야 합니다. 결코 문란하게 해서는 안 됩니다."

나는 나라의 운명과 병인년(1626년) 9월 30일에 일어난 일을 연관시켜 보며 또 다시 전운이 감도는 예감을 지울 수 없었다.

조선왕국의 복잡한 외교 환경을 나름대로 잘 이해하던 노이합적(努爾哈赤: 누르하치)이 9월 30일 67세를 일기로 죽고 그의 34세 된 아들 황태극(皇太極)이 뒤를 잇게 된 것이다.

문제는 황태극의 조선왕국에 대한 생각이 상당히 왜곡되어 있다는 사실이었다.

그는 입만 열면 '조선의 교활한 줄타기와 뻔한 속임수를 일찌감치 끊어놓아야 후금의 천하통일이 뜻대로 된다.'고 했다.

그는 자신의 주장을 뒷받침하기 위해 갑자년(1624년) 봄 이괄의 난 때 압록강을 건너 도망친 반란군 잔당들의 조선왕국 비방을 단골로 들먹였다.

'후금에 우호적이던 광해군을 제거하고 후금을 야만시하는 친명정권이 들어서서 감히 후금을 쳐서 망해 가는 명나라를 구하려 한다.'는 것이 반란군 잔당의 고자질이었다.

하여튼 9월 30일 청년 황태극이 천하통일의 주도권을 장악함으로써 조선왕국은 다시 한 번 위기를 맞게 된 것이다.

후금이 꼬투리 잡을 만한 일들이 몇 가지 있었다.

원래 어중간하게 시간만 끌다 보면 유리한 상황이 오기보다 도리어 더 나쁜 환경이 조성되어 결국 유비무환(有備無患), 무비필환(無備必患)을 떠올리게 되는 것이다.

우선 정체불명의 명나라 패전 장수 모문룡(毛文龍)이 조선왕국 입장을 난처하게 만들었다.

그가 패배를 반복하며 쫓기다가 평안도 철산 앞 가도(椵島)를 무단히 점거한 임술년(1622년) 11월 11일 이후 조선은 명나라의 후금 정벌 전초기지처럼 인식되기 시작했다.

조선이나 명나라나 모문룡을 활용할 가치가 있다고 본 것이다.

하지만 후금은 달랐다.

일개 도적의 괴수와도 같은 모문룡을 명나라와 조선이 비호하는 것 자체가 후금에 대한 도전이라고 본 것이다.

설상가상으로 후금은 기울어가는 명나라를 교란시킬 수단 못지않게 끊임없이 내우외환에 시달리는 조선왕국에 대한 감시망을 갖고 있었다.

더욱이나 그 감시망은 후금이 굳이 관리하거나 투자하지 않아도 저절로 굴러가는 지극히 편리한 구조였다.

기미년(1619년) 3월 중순에 투항한 도원수 강홍립과 부원수 김경서 등이 명실상부한 후금의 공식 정보망이었다.

후금이 필요로 하는 모든 정보를 손쉽게 얻을 수 있었다.

그래서 후금은 투항한 강홍립 일행에게 명나라 백성들을 얼마든지 종으로 삼거나 첩으로 삼게 했다.

후금 입장에서는 조선의 한 귀퉁이를 거저 지니게 된 것이다.

후금은 조선군의 한 축을 힘도 안 들이고 거머쥐게 된 것이다.

가도(椵島)를 무단 점령한 모문룡과 조선왕국의 관계를 보면 왜 후금이 트집을 잡는지 짐작하고도 남는다.

갑자년(1624년) 3월 15일 모문룡이 차관 모유준 등을 보내 역적 이괄의 난을 평정한 일을 축하했다.

병인년(1626년) 9월 10일 모문룡이 앵무새를 보내왔다.

10월 11일 비변사에서 모문룡에게 보낼 군량지급 대책을 보고했다.

10월 14일 평안 감사 윤훤(尹暄)이 모문룡의 군량 독촉을 알렸다.

10월 22일 접반사 원탁(元鐸)이 모문룡의 군량 재촉 정황을 알렸다.

10월 25일 비변사가 명나라의 모문룡 회유책과 식량 공급 대책을 보고했다. 11월 16일 비변사가 모문룡의 군량 요청을 보고했다.

12월 27일 남원 유생 송광유가 모문룡을 처단하라고 상소했다.

12월 28일 모문룡이 관향사(館餉使: 지방의 군량을 관리) 성준구(成俊耉)에게 밀서를 보내 변방 관리의 모반 가능성을 알렸다.

정묘년(1627년) 1월 1일 비변사가 모문룡에게 군량을 보낼 것을 건의했다.

모문룡이 임술년(1622년) 11월 11일 패잔병을 이끌고 가도에 들어가자,

뒤이어 후금에 쫓기거나 후금에 잡혀 종노릇하다 도망친 명나라 사람들이 줄지어 합류했다.

계해년(1623년) 3월 11일에는 명나라 백성 1천여 명이 한꺼번에 가도로 들어갔다.

요동 지방의 명나라 백성들 사이에서는 '모문룡이 곧 요동을 정벌하여 후금을 내쫓고 명나라를 다시 구할 것'이라는 말이 파다하게 퍼져 있었다.

그리고 어찌 되었건 모문룡의 뒤에는 명나라도 있고 조선왕국도 있었다.

기미년(1619년) 2월 말 3월 초의 조명연합군 대 후금군의 무순(撫順) 살이호(薩爾滸) 전투는 8년 뒤의 호란과 그 이후의 또 다른 호란을 예고하고 있었다.

조선군 1만 3천, 명군 9만을 합쳐 10만 명 이상이 동원된 대규모 전투였다.

조선군 8천여 명이 전사했다.

명군은 장수 3백 명 이상, 병사 4만 5천 명 이상이 전사했다.

7년 왜란 때 명의 원군 부총병, 총병으로 참전하여 120근 장검을 휘두르는 유대도(劉大刀)로 불리며 혁혁한 전공을 쌓은 총병관 61세 유정(劉綎)은 전사했다.

왜란 때 참전했던 장수 교일기(喬一琦)도 전사했다.

기미년(1619) 9월 3일 조선왕국은 치제관(致祭官) 44세 목대흠(睦大欽)을 파견하여 유정(劉綎), 교일기(喬一琦)의 제사를 지내게 했다.

정유년(1597년) 왜적의 재침 때 부총병으로 참전했던 양호(楊鎬)는 패전의 책임을 지고 처형되었다.

선천 군수 안동 김씨 39세 김응하(金應河), 운산 군수 이계종(李繼宗), 영유 현령 연안 이씨 이유길(李有吉) 등은 명나라 제독 유정(劉綎)과 조선군 도원수 강홍립(姜弘立)이 이끄는 조명연합군의 후금 공격에서 장렬히 전사했다.

김응하 같은 이는 명나라 만력제가 특별히 그의 전공을 기려 그를 요동백(遼東伯)에 봉하고 그의 처자에게는 백금을 하사했다.

조선에서도 당연히 그에게 영의정을 추증했다.

도원수 강홍립(姜弘立), 부원수 김경서(金景瑞), 중군(中軍) 박난영(朴蘭英)을 비롯하여 10여 명은 후금 진영에 계속 남아 있었다.

조선군 포로들은 이듬해 경신년(1620년)에 귀국했다.

부원수 김경서는 도원수 강홍립이 조선왕국 첩자라고 밀고하여 갑자년(1624년)에 후금에 의해 처형되었다.

강홍립, 박난영 등은 후금의 보호 아래 명나라 사람들을 종으로 부리고 첩으로 삼으며 8년여 동안 호의호식하다, 정묘년(1627년) 정월 후금 건국자 노이합적(奴爾哈赤: 누르하치)의 후계자 황태극이 아민(阿敏) 등에게 3만 명을 맡겨 조선왕국을 침략할 때 길잡이 역할을 했다.

나는 12월 초부터 연이어 영의정에서 물러나게 해 달라고 요청했다.

하나 임금은 5일, 7일, 9일에 걸쳐 승지를 보내 '속히 입궐하여 나랏일을 보살펴 달라.'고 신신당부했다.

12월 10일 마침내 영의정에서 물러나게 허락하며 대신 중추부영사에 임명했다.

그러면서 임금은 그 동안의 섭섭한 감정을 승정원 승지들에게 토로했다.

"누워서라도 나랏일을 보살펴 달라고 했다. 어서 나와서 잘못을 바로잡아 달라고 했다. 머리를 흔들며 교외로 나가 움직이지 않으려 할 때도 억지로라도 한성에 불러다가 관료들의 본보기로 삼고자 했다. 겸손히 돌아와 달라고 한 것이 서너 차례 이상이다. 한데도 끝내 듣지 않으니 내 덕이 모라란 탓으로 돌릴 수밖에 없다. 다시 불러들이고 싶은 생각은 간절하지만 이제는 낯이 뜨거워 더는 못할 지경이다."

승정원은 답했다.

"늙고 병든 뒷에 물러나셨다고 한 것입니다. 이제 다시 요청하면 미안해서라도 나올 것입니다. 관대하게 타이르는 것이 도리라고 봅니다."

12월 25일 나는 중추부 영사 직이야 한직이니 그냥 놓아둔다 해도 훈련원 도제조 일은 빨리 교체해 달라고 요청했다.

또 다시 전운이 감도는 위급한 시기에 80 고령으로 국방안보의 한 축을 맡고 있다는 것이 솔직히 어불성설로 여겨졌다.

임금은 '사임하지 말고 자주 검열하고 통제하여 나의 기대에 부응해 달라.'고 했다.

그렇게 또 한 해가 저물어가고 있었다.

여전히 풍전등화와 같은 나라 사정을 생각하면 그렇지 않아도 가쁜 숨이 걷잡을 수 없이 가팔라졌다.

04

조선왕국과 나의 80대

04 조선왕국과 나의 80대

정묘년(1627년)을 맞으며 마음이 참 착잡했다.

영의정이야 이미 그만두었지만 그래도 중추부 영사에 훈련원도제조를 겸하고 있어 자연히 나라 돌아가는 사정은 물론이고 나라 안팎의 모든 문제들이 80 노구를 여진히 짓누를 수밖에 없었다.

정월 들어서부터 나라는 임금의 생모 계운궁의 소상제 치르는 일로 분주했다.

묘소인 김포의 육경원(毓慶園)에서 소상제를 치르느라 여러 가지로 번거로웠지만 어쩔 도리가 없었다.

병인년(1626년) 9월 30일 후금을 이어받은 황태극은 자신의 시대를 본격적으로 열기 위해 천하통일의 암초로 등장한 모문룡의 가도(椵島)와 그의 배후세력으로 지목된 조선왕국을 최우선적으로 제압해야 했다.

그는 부하 아민(阿敏) 등에게 3만 병력을 주어 정묘년(1627년) 정월 초 남진을 개시하게 했다.

일부 군사를 보내 가도의 모문룡을 치게 하고 주력부대는 의주로 진격하게 했다.

1월 13일 의주를 포위했다.

1월 14일 선천, 정주를 지나 안주로 진격했다.

정주 목사 김진(金搢)의 급보가 1월 17일 올라오자 조선 조정은 곧 바로 긴급회의를 소집했다.

나는 지난 해 말에 영의정을 그만두었기에 중추부영사로 논의에 참석했다.

임금은 '왜란 때 도체찰사로 큰일을 많이 했다.'며 나를 다시 한강 이남 지역의 도체찰사로 세웠다.

'송장이나 다름없는데 어떻게 하라는 말이냐?'며 극구 사양했지만 임금은 중론이라며 밀어붙였다.

임금이 좌의정 윤방과 우의정 오윤겸에게 묻자 '노쇠하기는 하나 다들 만족해 할 것'이라고 했다.

임금은 계해정변(1623년 3월) 공신 심기원을 동행시키려 했다.

나는 비록 정1품이기는 하나 계해정변 때 거의대장(擧義大將)으로 앞장섰던 김류(金瑬)를 부체찰사로 데리고 가겠다고 했다.

임금은 '위급한 상황이니 다른 것은 거론할 일이 못 된다.'며 청년 임금

답게 속전속결로 대처했다.

심기원은 도순검사, 이명(李溟)은 경기 관찰사, 김기종은 체찰사 관청의 찬획사, 이정구는 병조 판서로 임명하여 위기에 대처했다.

평안 감사 윤훤이 의주 함락 사실을 알렸다. 호조의 물건을 강화도로 옮기게 했다. 신경진은 임진강을 방어하고 이시백은 한성을 방어하게 했다. 비변사는 강화 부사 김자점을 강화 순검사로 개칭하자고 제안했다.

1월 18일 내전(왕비)의 강화도 대피를 논의했다. 윤방을 영의정에, 신흠을 좌의정에 임명했다. 대사령을 내려 사형수 이외는 석방하게 했다.

1월 19일 사헌부, 사간원이 15세 된 세자의 분조(分朝)를 제안했다. 임금은 강화도 파천을 지시했다.

1월 20일 강화도에 위리안치된 광해군을 교동도로 옮기게 했다. 유배된 유대건 등 35인을 풀어주었다.

1월 21일 평안도 북쪽 능한산성이 함락되었다. 임금은 세자 분조를 준비하게 했다. 북방 도체찰사 장만은 병력, 탄약이 부족하다고 호소했다.

1월 21일 '후금 군사 목 베어 오면 포상하겠다.'고 공표하게 했다. 자전, 내전이 한성을 출발하여 금천에 이르렀다.

1월 23일 대사헌 65세 반남 박씨 박동선(朴東善)은 임금의 파천을 반대하며 한성 사수를 주장했다.

1월 24일 북방 도체찰사 61세 인동 장씨 장만(張晩)은 평양 주위의 사기 저하를 우려했다. 분조 논의 뒤 세자를 전주로 보냈다. 평양 함락을 보고받고 영해군(瀛海君) 강릉 김씨 42세 김기종(金起宗)을 윤훤(尹暄) 대신 평안 감사에 임명했다. 윤훤은 영의정을 지낸 윤두수(尹斗壽)의 아들이고 영의정인 형 윤방(尹昉)이 있어도 패전의 책임을 지고 36세 아들 윤순지(尹順之)에게 뒷일을 맡긴 채 후일 강화도에서 사사되었다.

1월 25일 황해도 황주(黃州)가 함락되자 황주 병사 압해(押海) 정씨 55세 정호서(丁好恕)는 산산(蒜山)으로 옮겼다. 정호서는 난이 끝난 뒤 유배형에 처해졌다. 이괄의 난을 진압한 공로로 장만, 정충신과 더불어 진무공신 1등에 오른 평안 병사 겸 영변 부사 51세 남이흥(南以興)은 안주성이 함락될 때 화약고에 불을 질러 적군과 함께 분사(焚死)했다. 목사 경주 김씨 45세 김준(金浚), 우후(虞候) 죽산 박씨 39세 박명룡(朴命龍), 강계부사 광주 이씨 52세 이상안(李尙安) 등도 전사했다. 임금은 후에 남이흥의 노모에게 매월 식량과 반찬을 대주라고 지시했다. 임금의 피난이 본격 논의되었다.

1월 26일 임금은 융복(戎服)으로 갈아입고 노량진으로 향했다. 후금 선봉대는 황주에 도착했다. 임금은 한강을 도강했다.

1월 27일 임금은 양천을 지나 김포에 이른 후 병인년(1626년) 정월 14일에 별세한 임금의 생모 무덤인 육경원(毓慶園)을 참배했다. 통진에 이르러 유도대장 김상용(金尙容)으로부터 한성 상황을 보고 받았다.

1월 28일 도체찰사 장만은 후금 사신이 서신을 지니고 한성으로 출발했다고 알렸다. 임금은 한강의 배들을 불태우게 하고 병조 판서 이정구를 한성에 남겨 후금 사신을 접견하게 했다.

1월 29일 임금 행렬이 강화도 행궁에 도착했다. 화친을 제의한 후금 사신을 임금이 직접 만나기로 하되 우선 무관을 보내 서신을 받아오게 했다.

2월 2일 후금 사신이 강화도 갑곶에 도착했다.

2월 3일 후금 사신 접대 대신 이정구가 임금의 국서를 후금에 보냈다.

2월 8일 비변사는 후금의 침략 사실을 왜국에 알리자고 건의했다.

2월 10일 세자가 전주에 도착했다. 관료들 중 주전파는 후금 사신을 만날 필요 없다며 후금 군대의 길잡이로 귀국한 강홍립과 박난영을 참수하라고 했다.

2월 11일 후금 사신 유해(劉海)를 임금이 접견했지만 임금이 손을 들지 않았다 하여 화를 내며 나갔다.

2월 15일 후금 사신 유해가 지난 번에 화낸 일을 사과하자 임금은 예물을 주어 화답했다. 임금은 '원창군(原昌君) 이구(李玖)를 인질로 보내지만 후금이 요구한 물품을 다 보내지는 못한다.'는 국서와 함께 각종 포(布), 호피, 녹비, 왜도, 안구마 등을 후금에 보냈다. 후금 사신 유해는 월곶 연미정에서 '조선과 화친했다.'고 서약했다. 임금은 후금 침략과 화친 등을 명나라에 알릴 사신과 문서를 준비하라고 했다.

2월 17일 후금 사신 유해가 임금과 서약을 맺고 싶다고 하자 거절했다.

2월 21일 후금은 '후금에 보내는 국서에 명나라 연호 천계(天啓)를 쓰지 말라.'고 요구했다.

2월 23일 황해도 평산에 주둔한 후금 군사가 서봉, 독부, 우암으로 나뉘어 출병했다. 임금은 국서에 '화친을 바란다는 것과 후금에 보내는 문서에 명나라 연호를 쓰지 않겠다는 뜻'을 명시했다.

2월 24일 후금 사신 유해가 화친 맹세문을 요구하자 '화친이 이미 이뤄졌다.'는 서신을 보냈다.

2월 26일 의주 부윤은 후금 군사가 철군 중이라고 알렸다.

2월 30일 후금 사신 유해는 소, 말을 희생 제물로 바치자고 했다.

3월 1일 관료들 중 강경파는 희생 제물 바치는 일과 맹약 맺는 일을 당장 그만 둬야 한다고 했다.

3월 2일 후금 사신 유해는 임금을 대신하여 대신이 희생 제물을 잡도록 하자고 했다. 임금은 희생 제물 대신 분향하겠다고 했다.

3월 3일 임금은 후금 사신 유해를 만나 화친을 맹세했다. 접대 대신들은 사신 유해를 성 밖에서 전송했다. 임금의 생모 무덤 육경원에 불이 났다.

3월 5일 경상, 충청 군병을 돌려보냈다. 후금 진영에서는 임금이 강화도에서 나와 한성으로 돌아가라고 했다.

3월 9일 임금은 '침략하지 말고 포로를 보내줄 것'을 국서에 적어 보냈다.

3월 10일 정충신은 후금 군사들이 철수 중이라고 보고했다.

3월 13일 후금 장수가 조선군의 공격을 받았다고 서신을 보내자 '속히 철수하라.'는 답서를 보냈다.

4월 10일 임금 행렬이 강화도 행궁을 출발하여 갑곶 건너 통진에 머물렀다.

4월 11일 임금 행렬은 통진을 출발하여 김포에 도착, 육경원에 참배하고 양천에 머물렀다.

4월 12일 임금 행렬이 양천을 출발, 종로 종묘에 들러 위안제를 지내고 창덕궁으로 향했다.

5월 2일 숭례문 밖에서 사묘(四廟), 혼궁(魂宮)을 지영(祗迎)했다.

5월 5일 숭례문에 나가 자전(慈殿)을 맞았다.

5월 21일 후금에 인질로 갔던 원창군 이구가 유해(劉海), 용골대(龍骨大)의 호위 속에 후금 황태극이 조선 국왕에게 보내는 예물과 함께 정주에 도착했다. 명나라 총병 양호(楊鎬)가 모문룡이 점거한 철산 가도(椵島)에 도착하자 접반사 67세 은진 송씨 송석경(宋錫慶)을 보내 위문하게 했다.

5월 27일 정충신은 후금 군대 일부가 돌아가지 않고 의주에 주둔 중이라고 보고했다.

5월 29일 임금은 '화친했으니 앞으로 우호 다지자.'는 후금 황태극의 국서를 지니고 온 후금 사신 유해와 용골대를 접견했다. 철산 가도(椵島)를 무단 점거한 모문룡은 '음흉한 대신들이 일을 그르치고 있다.'는 서신을 보내 후금과의 화친을 비난했다.

5월 30일 비변사는 후금과의 화친을 축하하러 온 왜인들에게 낙타를 선물하자고 건의했다.

6월 1일 접대 대신 이정구는 후금 사신 유해, 용골대를 만나 완전 철군과 공물 조정 등에 대해 논의했다.

6월 3일 임금은 후금 심양에 '왕자를 대신하여' 인질로 갔던 원창군 이구와 호행관(護行官) 이홍망(李弘望)을 접견했다. 임금은 왕자로 가장하여 간 원창군을 잘 보호하여 들통 나지 않게 하고, 포로로 잡혀 간 해주의 김굉인(金宏寅)형제 등 남녀 수백 명을 데리고 온 55세 용인 이씨 이홍망을 특히 칭찬했다.

　6월 21일 비변사는 후금 사신들이 온 사유를 가도(椵島)의 모문룡에게 알려주자고 했다.

　7월 1일 평안 감사 김기종은 의주에 주둔 중인 후금 군대의 동향과 용골산성의 형편을 보고했다.

　7월 3일 평안 감사 김기종은 가도의 모문룡이 명나라를 속인 채 조선인들에게 관작을 제수하고 있다고 보고했다.

　7월 4일 전란 중에 열지 못했던 경연(經筵)을 열자고 했다.

　7월 9일 대마도주 평의성(平義成)이 호란을 평정한 일을 축하하는 글을 보냈다. 동래부사 유대화(柳大華)는 대마도주가 '조선국이 노획한 후금의 방패와 창 등을 얻고자 한다.'고 보고했다.

　7월 27일 기미년(1619년)에 후금에 투항하여 정묘년(1627년)에 후금 침략군의 길잡이로 귀국, 화친을 위해 노력했던 전 도원수 67세 진주 강씨 강홍립(姜弘立)이 별세했다. 강홍립은 회답사로 후금 진영을 왕래하며 정탐을 겸해야 했던 같은 진주 강씨 72세 강인(姜絪)을 은밀히 도왔다. 강홍립이 죽자 그를 따라 온 명나라 사람들 중 특히 첩들이 문제였는데, 후일 명나라에서 사람이 나와 동족이니 외면할 수 없다며 데려갔다.

　내우외환이 있을 때마다 의병이 일어나 나라와 백성이 지켜졌는데 정묘년 후금의 침략 때도 예외 없이 의병이 일어나 나라를 구했다.

　대표적인 예가 하동 정씨 형제들인 55세 정봉수(鄭鳳壽)와 그의 아우 정기수(鄭麒壽)였다.

형제는 4천여 의병을 모집하여 평안도 용천 용골산성으로 들어가 김해 김씨 김종민(金宗敏), 단양 이씨 이광립(李光立) 등과 함께 후금 침략군의 예봉을 여지없이 무너뜨리고 포로로 잡혔던 수천 명을 구출했다.

정묘년(1627년) 정월 13일부터 6월 14일까지 5개월여에 걸쳐 용골산성을 거점으로 후금군의 배후를 교란하고 퇴로를 막았다.

화친이 맺어진 후에도 계속 항거하자 조정에서는 성을 비우라고 했다.

용천 부사 연안 이씨 51세 이희건(李希建)이 전사하자 의병장으로 추대된 전 영산 현감 정봉수는 양곡이 떨어지고 전염병이 돌아 더 이상 항거할 수 없다고 공표한 뒤 철산 앞바다 대계도(大溪島)로 철수했다.

의병의 지구전에 참여하던 중에 적군에 투항하려 한 미곶첨사 장사준(張士俊)은 의병들에 의해 처형되었다.

단양 이씨 형제들인 이광립(李光立), 이정립(李挺立), 장연 장씨 형제들인 장흘(張迄), 장우(張遇), 장린(張遴), 그리고 안종록(安宗祿), 장희준(張熙俊), 김우(金佑), 이충걸(李忠傑) 등이 의병장 정봉수 형제와 행동을 같이 한 정묘년(1627년)의 영웅들이다.

특히, 이정립, 안종록, 장희준, 이충걸, 김우, 김득변 부자 등은 의병 3천여 명을 모집하여 용천(龍川) 소위포(少爲浦)에서 3일 동안 후금 침략군과 혈전을 벌여 대승을 거두었다.

가도(椵島)의 명나라 장수 모문룡(毛文龍)이 찾아와 전승을 축하할 정도였다.

　모문룡의 보고로 알게 된 명나라 황제 천계제는 은자패(銀子牌)를 내렸고, 모문룡의 주둔지 가도에서는 조총과 탄약, 미포(米布), 은화(銀貨) 등을 보내왔다.

　장린은 맏형 장흘, 종형 장우 등과 함께 의병 1천 5백여 명을 모집하여 10여 겹으로 포위한 후금군을 패퇴시켰다.

　의병을 이끌고 도농도(都農島)에 주둔했다가 가도의 명나라 도독 모문룡이 보내 준 배로 대계도로 가서 의병장 정봉수와 합세했다.

　장린은 한사코 이정립을 첫 공로자로 내세웠지만 임금은 승전보를 들고 온 그를 직접 만나 치열했던 혈전에 대해 일일이 묻고 크게 치하했다.

　내우외환이 충신과 역신을 나누고 애국애족자와 매국노를 가르듯이 정묘년(1627년)의 외침에서도 예외 없이 충신열사가 줄을 이었다.

　73세 양주 조씨 조존성(趙存性)은 노구를 이끌고 세자 분조의 호조판서를 맡아 분조의 살림을 총괄하며 병이 깊어진 뒤 전주에서 돌아와 이듬해 별세했다.

　조존성은 갑오년(1594년) 강화협상이 지지부진한 가운데도 명군이 서둘러 철군하려 하자 북경으로 달려가 병부상서 석성(石星)을 설득하여 철군을 막고 화약 원료인 초황(哨黃) 수만 근을 가져와 조선군의 화력을 크게 증강시켰던 인물이다.

　정유년(1597년) 재침 때는 전국의 군량이 바닥난 상황인데도 그가 나서서 조달에 힘쓰면 금방 수십 만 섬이 모아져 군량 걱정이 없게 했다.

계축년(1613년)에는 대북파의 서슬이 시퍼럴 때인데도 광해군이 생모 공빈 김씨를 왕후로 추존하려 하자 앞장서서 반대하다 파직 당하기도 했다.

갑자년(1624년)에 이괄의 난이 일어났을 때는 70세 노구로 검찰사(檢察使)를 맡아 임금을 공주로 호종했었다.

선천 부사 55세 행주 기씨 기협(奇協)은 후금군이 의주를 함락한 후 곽산 능한산성(陵漢山城)에 이르자 수성장(守城將)으로 싸웠다.

하나 중과부적으로 성이 함락될 위기에 처하자 성을 포기하고 선천으로 돌아와 항전했다.

후금군은 '항복하라.'는 글을 보냈지만 그는 이를 불태우고 결사항전하다 끝내 전사했다.

그는 계축년(1613년) 강화 부사로 있을 때는 서인(庶人)으로 강등되어 강화도에 위리안치된 7세 영창대군 이의(李㼁)를 잘 대해 주었다 하여 파직되고 4년여 동안 하옥까지 됐었다.

임금은 기협의 장렬한 전사 소식을 듣고 제물과 제문을 보내 제사 지내게 하도 동네에 정문(旌門)을 세워 표창했다.

화친은 맺어졌어도 후금군 일부는 약속을 어긴 채 계속 의주에 머물며 한 편으로는 가도의 모문룡을 견제하고 다른 한 편으로는 국경무역을 장악, 막대한 경제적 이득을 가로챘다.

'형제의 맹(盟)'에서 차츰 태도를 변해 가더니 임신년(1632년)부터는 '군신의 의(義)'로 고치자고 요구했다.

　명나라가 아직은 엄연히 존재하는데다 여진과 조선왕국의 관계가 형제로 묶이는 것도 가당치 않다고 여기는 판에 군신으로 대하자는 것은 더더욱 받아들이기 어려운 문제였다.

　거기에 또 막대한 공물 부담이 얹혀 있어 이래저래 후금과 조선왕국과의 관계는 화친 같은 평화적 수단이나 협상 같은 평상 시 방식으로 해결되기 참으로 어려웠다.

　결국 계유년(1633년)부터는 '후금이 원하는 것이 너무 많다.'는 여론이 팽배해지자 다시 '오랑캐에게 굽실거리느니 차라리 관계를 끊자.'는 쇄국론(鎖國論) 쪽으로 기울어갔다.

　천하통일을 눈 앞에 두고 나날이 강성해지는 후금과 대륙 전체를 한 덩어리로 보고 사대외교를 해야 하는 조선왕국의 사이에는 건널 수 없는 강이 존재할 수밖에 없었다.

　나는 결사항전론과 화친론이 불붙기 마련인 조선왕국의 사대교린정책을 새삼 다시 반추해 보았다.

　정묘년(1627년) 초의 호란에서도 그런 고민이 적나라하게 표출되었다.

　징벌 효과만 거두고 조기에 화친을 맺고자 했던 후금의 속셈을 모른 채 결사항전론이 수시로 고개를 들었다.

　왜란 때와 달리 전국적인 전쟁으로 확대되지 않고 다행히 북쪽 일부의 국지전으로 끝났지만, 좁은 국토에서 나라의 사령탑이 툭 하면 피난을 가야하는 딱한 상황과, 그 와중에서도 실리론과 명분론이 피가 튀도록 극렬하게 부딪치는 현상은 예외 없이 재현되었다.

나는 15세 세자를 전주로 호위하고 이후 곧 바로 강화도의 행궁으로 달려가며 백성들의 가엾은 형편과 나라의 어려운 형편을 뼈저리게 실감했다.

난리가 나면 '언제 끝날지 모른다.'는 생각이 지배하기마련이라 자연히 숨겨졌던 탐욕과 움츠러들었던 흑심이 일시에 폭발하여 마치 나라가 송두리째 뒤엎어지거나 사라진 것 같은 현상이 벌어지곤 했다.

이번에도 종묘의 제기 등을 도둑질하는 일이 생기고 한성 중심가를 주름 잡는 도덕 떼가 들끓었다.

온 백성이 힘을 합쳐 나라를 구하자는 뜻에서 죄수를 풀어주고 부담을 덜어주는 것인데, 그 틈을 노리고 멋대로 날뛰는 일들이 생겨 난리 겪는 백성 마음을 더욱더 불행하게 만드는 것이다.

그 나마 다행스러운 것은 국법이 엄하게 지켜져 난리 중이거나 난리 후거나 빈드시 책임을 묻고 공과를 따져 상벌을 철저하게 적용한다는 사실이다.

평안 감사 윤훤(尹暄)이 사사(賜死) 된 것이나 도체찰사 장만(張晩)이 부여로 유배된 일들이 단적인 사례인 셈이다.

10월에는 영천 이씨 이인거(李仁居)가 역모 사건을 일으켜 세상을 다시 한 번 요동치게 했다.

세자익위사(世子翊衛司) 익찬(翊贊: 정6품)을 지낸 강원도 횡성 출신 이인거가 '계해정변(1623년)의 정사공신들이 나라를 망친다.'며 수백 명을 규합, 역모를 꾀한 것이다.

횡성 관아에 들이닥쳐 무기를 약탈하고 죄수를 풀어주며 난동을 피우자 횡성 현감 이탁남(李擢男)은 제압이 어렵다고 판단 일단 원주로 달려가 목사 홍보(洪霣)와 연합했다.

원주 목사 홍보가 상황을 파악해 보니 실로 가관이었다.

대북파 잔존세력과 은밀히 교류하며 '첫째 광해군의 복위를 꾀하고, 둘째 후금 오랑캐와 화친한 세력을 제거하여 의로운 세상을 만들겠다.'고 했다.

이인거는 스스로 창의중흥대장(倡義中興大將)이라 칭하며 '대역죄인들의 목을 베러 한성으로 쳐들어가자!'고 했다.

중앙 조정은 10월 1일 횡성 유생 진극일(陳克一)의 고변으로 알게 되었다.

진극일을 조사하니 이인거(李仁居), 이성지(李姓支) 부자가 중심이 되어 고찬(高瓚), 고계립(高繼立), 고대립(高大立) 등을 포섭한 사실이 드러났다.

원주 목사 홍보도 이인거의 역모를 상세히 보고했다.

10월 1일 원주 목사 홍보와 횡성 현감 이탁남은 원주로 들어서는 이인거 일당을 체포하여 한성으로 압송했다.

55세 경주 이씨 이탁남의 기민한 대처와 42세 풍산 홍씨 홍보의 전략적 대응이 위험한 불씨를 조기에 진화한 것이다.

나라에서는 홍보, 이탁남 등을 소무공신(昭武功臣)에 올렸다.

내우외환에 시달린 정묘년 한 해가 후금이라는 새로운 세력의 욱일승

천과 함께 저물어갔다.

  나는 '아아, 조선 반도여! 아아, 조선 반도여!'를 속으로 수없이 되며 안 팎으로 환란이 그치지 않는 기구한 숙명을 놓고 천지신명 앞에 빌고 또 빌었다.

  무진년(1628년) 새해를 알리는 아침 해가 유달리 붉게 보였다.
  아니나 다를까 정월 3일 또 하나의 역모 사건이 드러났다.
  성균관 사예(司藝: 정4품)를 지낸 양천 허씨 65세 허적(許䛗積)과 허선(許選) 등이 고변하여 오랫동안 수면 아래 있던 역모가 마침내 세상에 드러났다.
  광해군 시대 말년에 우부승지를 지낸 49세 문화 유씨 유효립(柳孝立)은 계해반정으로 숙부 유희분(柳希奮)이 처형되자 자신도 제천으로 유배되었다.
  유배 생활 중에 위장술을 발휘하여 한성의 지인들을 방문하고 궁궐의 시녀, 내시, 수문장 등과도 친밀한 관계를 유지했다.
  아들을 비롯한 측근들을 미리 한성에 잠입 시킨 뒤 허유(許逌), 정심(鄭沁), 김탁(金鐸), 유두립(柳斗立), 윤계륜(尹繼倫) 등과 공모했다.
  비변사는 군사를 동원하여 잠복해 있다가 동대문, 남대문을 통해 무기를 싣고 들어오는 역모자들을 모두 체포했다.
  '광해군을 상왕으로 삼고 선조 임금의 7남인 40세 인성군(仁城君) 이공(李珙)을 왕으로 추대한다.'는 유효립 등의 꿈은 한낱 멸문지화를 부르는 어설픈 흉계로 끝나고 말았다.

나라에서는 역모를 고변한 허적, 홍서봉(洪瑞鳳), 허선(許選), 황성원(黃性元) 등을 영사공신(寧社功臣)에 올렸다.

문화 유씨 49세 유효립, 연일 정씨 38세 정심 등은 즉시 처형되었다.

무진년(1628년) 정월 10일 유효립 등 역적의 집은 공신에게 하사되었다.

이괄의 난 때 역모자들이 '인성군을 왕으로 추대하려 했다.'고 자백하여 귀양살이하다 모친 민씨의 병이 위독하여 풀려났던 선조 임금의 7남이자 임금의 숙부인 인성군 이공은 유효립 등이 다시 한 번 거명함으로써 진도에 다시 유배되었다가 결국 사사되었다.

사후 9년 만에 복관되었지만 40세의 나이로 원혼이 된 기구한 운명은 하나의 참담한 사례로 남게 되었다.

역적 유효립의 사위인 임금의 3년 연상 친형 능원군(綾原君: 1632년 능원대군으로 진봉) 이보(李俌)는 '장인 유효립의 역모를 방관했다.'는 오해를 받았지만 임금의 각별한 비호로 36세에 맞은 일생일대의 위기를 무사히 넘겼다.

능원군 이보(李俌)는 10세 때인 임인년(1602년)에 백부 의안군(義安君) 이성(李珹)에게 입양되어 능원군에 봉해졌는데, 병인년(1626년) 정월 생모 계운궁 능성 구씨가 별세하자 상주로 장례를 치르고 임금인 동생을 대신하여 3년상을 입었다.

기사년(1929년) 새해에도 임금은 쌀과 고기와 인삼을 보내 주었다.

특히 내게는 어의(御醫)를 보내 진찰도 하고 약도 지어 주게 했다.

며칠 뒤에는 승지를 보내 '쾌유하는 대로 속히 입궐하여 어려운 나랏일을 도와 달라.'고 당부했다.

계해정변의 공신들이 아직도 승지와 사관을 따돌린 채 임금을 독대하는 일이 잦아 관료들이 겉으로는 모른 척하면서도 속으로는 여간 당황해하지 않는데, 임금은 그래도 광해군을 내쫓고 새로이 들어선 위상에 맞게 잘 하려고 노심초사 중이니 그것 하나만으로도 천만다행이 아닐 수 없다.

정월 들어서부터 후금 사신 용골대의 행패가 보통 골칫거리가 아니었다.

오랑캐라는 말에 맞는 행동만 골라서 하니 아무리 후금이 천하통일을 앞두고 있다고 해도 공맹의 철학과 정주의 사상에 근거한 조선왕국 임금이나 관료들의 눈에는 여전히 천하의 상종 못할 미개인으로 보일 수밖에 없는 일이었다.

용골대가 제 나라로 돌아가면서 눈에 띄는 말들을 모두 강탈해 갔다고 한다.

최명길은 '남의 전답과 집을 강탈하는 공신들의 작폐'를 거론했지만 누가 됐든 윤리에 어긋나고 도리를 벗어나면 오랑캐가 되고 미개인이 되는 것이다.

강릉에서는 궁궐 노비를 사칭하며 주민을 괴롭힌 일이 있었다.

임금은 밝은 도리를 세우기 위해 새해 벽두부터 세 가지 선한 일을 했다.

우선 백 세 된 이호민의 아내에게 작위를 내리고 쌀과 예물을 보냈다.

그리고 정묘년(1627년) 후금 침략 때 안주성을 지키다 전사한 남이흥의 노모에게 매월 식량과 반찬을 공급하게 했다.

노부모가 있는 사람은 사신으로 보내지 말 것을 특별히 지시했다.

임금은 3월 3일, 3월 5일, 3월 8일, 3월 10일 사관을 보내거나 승지를 보내 '속히 입궐하여 국정을 돌봐 달라.'고 간곡히 당부했다.

나는 7년 왜란에서 큰 병을 얻어 50대 초반부터 앓는 날이 성한 날보다 더 많을 정도여서 이미 임금이나 관료들이 마음은 원이로되 몸이 못 따라 준다는 걸 훤히 알고 있었다.

그런데 이미 나이마저 80을 넘긴 마당이라 세상 이치로도 이제는 조용히 물러날 때가 된 것이다.

임금은 이러저러한 사정을 다 알면서도 새해를 맞으면 새로운 다짐을 위해 나를 찾고 세밑이 되면 한 해를 돌아보며 새해를 맞으려 또 나를 찾곤 한다.

앉아서도 천리를 본다는 이인 조충남은 그런 내 팔자를 두고 '너무 일찍 핀 매화 같다.'고 했다.

아직 추위가 다 안 물러간 때에 핀 꽃이라 분명히 만개한 꽃이지만 꽃으로 여기는 이가 별로 없다는 것이다.

그러면서 조충남은 '뒤 따라오는 수레를 소나 말이 아무리 야속하게 여겨도 아무 소용이 없다.'고 했다.

공사다망이라는 말이 있지만 내게는 사(私)는 없고 오로지 공(公)만 있는 수레 끄는 말이나 소의 신세와 같다는 말이었다.

왜란, 호란이 이어지다 보니 완전히 준전시체제일 수밖에 없었다.

병조에서는 문신들에게도 활쏘기 시험을 치르게 하여 태만한 자를 색출했다.

후금에서는 수시로 사신들이 나와 무역할 물품을 요구하고 황태극의 서찰을 들고 와 따졌다.

정묘년(1627년)에는 후금의 강화 사신으로 유해(劉海)가 오고갔는데 화친이 맺어진 이후로는 용골대(龍骨大)와 만월개(滿月介)가 교대로 오고갔다.

은을 주고 청포, 비단, 가죽, 종이, 인삼을 주로 구매하기도 하고 식량과 말을 요구하기도 했다.

왜국에서는 조선왕국이 원하건 원하지 않건 전혀 개의치 않고 세공을 바치고 사신을 보내고 있다.

3월 24일 부산에 도착한 왜국 사신 현방(玄方) 일행은 한성 입성의 허락이 떨어진 후 출발하여 4월 25일 숭정문 앞에서 숙배했다.

왜국 사신은 각종 경서, 〈동국통감〉, 이색의 〈목은집〉 등을 요구했다.

5월 26일 성균관은 전란 중에 사라진 도서를 다시 구입해야 한다고 했다.

가장 먼저 했어야 할 일인데도 불탄 궁궐을 새로 짓고 무너진 성채를 다시 쌓느라 미처 돌아보지 못한 것이다.

6월 17일에는 전라도 전역에 대홍수가 나서 15개 읍들이 물에 차고 관청과 민가들이 떠내려갔다.

대홍수가 변고를 예고했는지 6월 30일 가도의 모문룡이 명나라 장수 원숭환에 의해 처형당했다는 보고가 평안 감사 48세 안동 김씨 김시양(金時讓)으로부터 들어왔다.

임술년(1622년) 11월 11일 가도를 점거하고 마치 명나라 속주처럼 전횡을 일삼으며 온갖 물자를 강요하더니 역모자로 몰려 죽고만 것이다.

관상, 사주로 연명하던 사람이 갑자기 명나라 장수로 둔갑하여 한 때는 명나라의 충신처럼 굴며 명나라와 조선왕국을 감쪽같이 속였던 것이다.

앓던 이가 빠지긴 했지만 가도는 여전히 명나라 속주처럼 변한 상태라 언제 후금과 조선왕국 사이의 골칫거리로 변할지 모르는 상황이었다.

명나라는 가도를 전략적 요충지로 여기기 때문에 후금에 의해 대륙이 완전히 통일되기 전에는 결코 순순히 물러나지 않을 것이다.

한데 모문룡 사후 가도를 임시로 떠맡은 진계성(陳繼盛)은 원숭환 휘하의 부총병 서부주(徐敷奏)와 유해(劉海)의 도움을 받아 모문룡의 잔당을 제거하고 가도를 다시 명나라의 전진기지화했다.

우선 조선왕국의 숙원인 노약자를 가려내 등주로 이주시켜 조선왕국의 물자 공급 부담을 덜어주었다.

원숭환은 조선왕국 사신들의 해로를 일방적으로 바꿔 기존의 가도, 여순 근처 섬들, 산동의 등주로 향하는 길을 폐지하고 각화도(覺華島)를 거쳐 자신이 주둔하고 있던 영원을 거쳐 가도록 했다.

기사년(1629년) 8월, 추신사(秋信使) 박난영(朴蘭英) 일행이 후금에서 돌아올 때 후금의 사신들인 아지호(阿之好)와 중남(仲男) 등도 한성을 향하고 있었는데, 원숭환의 심복 서부주는 후금 사절단 일행을 죽이려 했다.

진계성 등이 적극적으로 만류하여 그만두었지만 한성을 왕래하는 후금 사신들은 청천강 이북 지역을 지날 때마다 가도에 주둔한 명군의 위협을 받았다. 자연히 후금 사절단도 더 많은 병력의 호위를 받게 되었다.

기사년(1929년) 10월, 심양을 출발한 후금 황태극은 원숭환이 버티는 영원성을 피해 몽골족이 사는 만리장성 동북쪽의 희봉구(喜峰口)를 통해 북경 부근의 황성(皇城)을 기습했다. 영원성과 산해관을 거치지 않고도 북경을 공격할 수 있다는 것이 입증된 것이다. 영원성을 지키던 원숭환은 소환되어 하옥되었다가 후에 황태극의 농간으로 처형되었다.

후금 황태극의 대륙 통일 전쟁이 막바지에 이르며 명나라와 후금 사이에 낀 조선왕국의 입장이 또 다시 난처해지게 되었다.

세종 임금 같은 성군(聖君)이 되어 보려 애쓰는 임금은 '연좌법 시행을 당장 그만두라.'고 형조에 특명을 내렸다.

외적의 침략은 그렇다 해도 무고, 역모로 인한 내부의 혼란이 끊이지 않는 통에 연좌제라도 좀 끊어서 억울한 희생을 줄여 보려는 선한 뜻일 것이다.

10월 29일에는 광해군 때인 을묘년(1615년) 11월 10일 강화도 교동도로 위리안치되었다가 11월 17일 16세 어린 나이로 목 매 자결한 능창군(1632년 능창대군으로 진봉)의 묘소를 경기도 광주로 이장하게 했다.

대북파의 조종을 받은 소명국(蘇鳴國)이 신립(申砬)의 형인 신잡(申磼)의 아들 신경희(申景禧)를 역모죄로 무고하며 '신경희는 능창군을 왕으로 옹립하려 했다.'고 하자 신문도 없이 위리안치되었었다.

임금은 억울하게 희생된 친동생의 원혼을 달래기 위해 한성으로 통하는 길목인 경기도 광주로 묘소라도 옮겨준 것이다.

11월 15일에는 문무를 겸비한 큰 별이 사라졌다.

계해반정으로 열린 새 시대를 위해 도원수로, 체찰사로 동분서주하던 인동 장씨 장만(張晚)이 63세를 일기로 생애를 마쳤다.

후금의 침략을 예견하며 북방 방비에 힘을 썼지만 정묘년(1627년) 후금 침략을 막지 못했다 하여 난리가 화친으로 막을 내린 뒤 부여로 유배 되었다.

왜란 때의 의병장들이나 대첩의 주인공들인 김시민, 권율, 이순신에 견줘질 만한 문무 겸비의 특출한 인물이었다.

11월 29일에는 정온(鄭蘊)이 대사헌에 임명되었다.

갑인년(1614년)에 강화도에 위리안치되었던 영창대군이 8세 어린 나이에 살해 된 직후, '강화 부사 정항(鄭沆)을 처벌해야 한다.'고 주장했다가 광해군의 노여움을 사 목숨마저 위태롭게 되었었다.

나를 비롯하여 심희수 등이 맹렬히 구명운동을 편 덕분에 그래도 목숨을 부지한 채 귀양살이로 끝날 수 있었다.

세상은 정말 새옹지마(塞翁之馬)인 것인지, 어쨌거나 정온의 모습을 보면 '오래 살되 잘 살아야 한다.'는 성현들의 말씀이나 조상들의 가르침이 더욱 절절하게 다가왔다.

경오년(1630년)을 맞으며 조선 반도가 참으로 어려운 위치에 있다는 사실을 통감했다.

정월 보름도 되기 전에 후금 정탐꾼들 10여 명이 의주에 나타나 멋대로 휘젓고 다녔다는 보고가 들어왔다.

정월 하순에는 후금인 고아부가 의주에 나타나 '후금이 대륙을 통일할 날이 머지않았다.'며 떠들고 다녔다.

조선왕국은 후금이 명나라 수도 북경 근처의 황성을 포위한 사실을 뒤늦게 알고 크게 당황했다.

임금은 번국(藩國)의 신하 입장으로 숭정제(崇禎帝)의 안위를 걱정하며 정전(正殿)에 머물지 않고 월랑(月廊)에 거처했다.

관료들은 가도에 사람을 보내 실정부터 정탐하자고 했다.

임금은 '상계를 보니 경악을 금할 수 없다. 약간의 병력만 있다면 지금이야말로 오랑캐의 본거지로 쳐들어가 뒤엎어 버릴 적기'라며 아쉬워했다.

우의정을 지낸 김상용의 아들 46세 안동 김씨 김광현(金光炫)은 '오랑캐가 황성을 포위하고 있는데 군사를 징발하여 의리를 보여주기는커녕 조정은 풍악을 울리며 춤추고 있다.'고 한탄했다.

기사년(1629년) 2월의 경연에서 이귀는 '조선과 명의 관계는 의리로 보면 군신(君臣)이고 은혜로 보면 부자(父子)'라며 '군부(君父)가 환란을 겪고 있는데 어떻게 수수방관할 수 있나?'라며 통탄한 적이 있었다.

2월 6일에는 비보가 날아들었다.

동지사(冬至使)로 배를 타고 북경에 가던 양주 윤씨 윤안국(尹安國)이 배가 뒤집혀 익사했다고 했다.

강원도 관찰사를 지내다 동지사로 선발되어 명나라로 가던 중에 그만 61세의 가팔랐던 생애를 마쳤다.

그래서 임금은 기사년(1629년) 3월 10일 '노부모가 있는 사람은 사신으로 보내지 마라.'는 특명을 내렸을 것이다.

2월 13일 병조는 전몰자 유가족들에 대한 구제 대책이 시급하다고 했다.

참전하면 1년 동안 집집마다 부과되는 부역이 면제되는 경우는 있지만 유가족들에 대한 대책은 사실 전무하다시피 했다.

왜란을 치르면서도 늘 마음에 걸린 문제였다.

백성이 있고 나라가 있다는 말은 곧잘 하지만 실제로 과연 그렇게 돌아가는지에 대해서는 솔직히 아무도 자신하지 못할 것이다.

2월 14일에는 종묘 밖 버드나무에 벼락이 쳤다고 해서 위안제를 거창하게 거행했다고 한다.

나는 평소에도 집터니 묏자리니 길일이니 하며 공연히 소란스레 구는 일을 아주 못마땅하게 여겼었다.

왜란을 겪으며 명나라 풍수가들이 많이 들어와 전국을 누비며 온갖 말들을 퍼뜨려 놓았지만, 난리가 한 번 나면 도망가다 죽느냐, 아니면 싸우다 죽느냐의 양단간름 밖에는 뾰족한 수가 없기 마련인 것을 너무도 생생히 확인, 또 확인했기에 더욱더 공연한 소리로 치부하게 되었다.

2월 18일 65세 의령 남씨 남이공(南以恭)이 대사헌에 임명되었다.

정유년(1597년) 왜적의 재침 때 내가 체찰사로 남쪽으로 내려가자 그는 종사관으로 동행했다.

을묘년(1615년)에 내가 폐모론의 부당함을 격렬한 어조로 상소하자, 폐모론을 꺼낸 대북파는 나와 그의 특별한 인연을 들어 그를 사주자라며 공격했다.

결국 그는 나와 동시에 유배 되어 을묘년 이후 6년여 동안 귀양살이했다.

계해반정(1623년)이 나자 이번에는 '영의정 유성룡을 화의론자로 몰아 파직시킨 장본인'이라며 유배에서 풀려나 체찰사 이경전(李慶全)의 체찰부사로 재기한 그를 파직시켰다.

갑자년(1624년)에 군량을 관리하는 관향사(館餉使)로 다시 등장하더니 마침내 요직 중의 요직에 앉게 된 것이다.

3월 6일 모문룡을 죽인 원숭환에 의해 가도의 수장에 앉혀진 진계성이 '후금 사절단 중남 등을 죽이고 의주를 명나라의 속주로 삼겠다.'며 부총병 서부주(徐敷奏) 등을 의주로 보냈다.

당시 후금 사절단 중남 등은 평양에 들어와 인삼 1천 7백 근을 달라며 공갈협박을 일삼고 있었다.

의주 부윤 이시영(李時英)은 명나라군에 의해 부상을 입었음에도 후금 사절단을 창성으로 안내하여 압록강을 건널 수 있게 도와주었다.

평안 감사 김시양, 평안 병사 유비, 의주 부윤 이시영 등이 가도의 명나라군이 의주 등지를 약탈하고 있다고 급보를 올렸지만, 조정은 '명나라에 대해 신하, 자식의 의리를 지켜야 한다.'는 주장에 이어 '후금을 당장 요절을 내야 한다.'는 주장까지, 그저 탁상공론만 무성했다.

그러던 중 4월 19일 마침내 가도에서 변란이 일어났다.

신임 수장 진계성을 비호해 주던 원숭환이 후금의 황성 포위 후 문책당해 하옥되었다가 후금 황태극의 농간에 걸려 처형되자 가도의 분위기도 급격히 변했다.

뒤를 봐주던 원숭환의 추락과 자신의 무능으로 통솔에 어려움을 겪던 진계성이 결국 도사(都司) 유흥치(劉興治)에게 살해되고 말았다.

조선왕국은 4월 21일부터 유흥치를 토벌할지 말지를 놓고 고민에 빠졌다.

병조 판서 이귀는 '유흥치 정벌에 신중할 것'을 주문하고 홍문관은 '유흥치를 공격하지 말자.'고 주장했다.

4월 25일 임금은 유흥치를 '항우보다 더 나쁜 반적(叛賊)'으로 규정하고 총융사(摠戎使) 이서(李曙)와 부원수 정충신(鄭忠信)에게 토벌을 명했다.

유흥치가 차관 육구주를 한성에 보내 해명하자 조정은 나덕헌을 사면하여 유흥치 접반사로 파견하며 격문을 가도에 전달하게 했다.

유흥치 토벌에 미온적인 병조 판서 이귀를 파직하고 68세 전주 이씨 이홍주(李弘胄)를 대신 앉혔다.

5월 4일 임금은 도승지 57세 한산 이씨 이현영(李顯英)을 시켜 총융사 이서와 부원수 정충신을 전별(餞別)하게 했다.

5월 9일 유흥치는 부하 장수들을 전라도 장산도로 보내 약탈하게 했다.

5월 24일 유흥치의 심복인 도사 하상진이 부원수 정충신에게 항복했다.

6월 3일 후금 장수 실이아가 3천 기병을 거느리고 압록강에 출병했다.

6월 4일 총융사 이서는 가도에 진입할 날짜를 보고했다.

6월 7일 임금은 후금 사절단 아지호(阿之好)와 중남(仲男) 등을 접견했다.

6월 26일 추신사 56세 오신남(吳信男)을 후금 수도 심양으로 보내 자초지종을 설명하게 했다.

유흥치는 '명나라를 위해 어쩔 수 없이 한 일'이라며 변명했다.

6월 28일 부원수 정충신은 군사를 파할 것을 요청했다.

한 차례 느닷없는 광풍이 방귀 냄새 흩어지듯 제 풀에 잦아든 것이다.

8월 24일부터 계해정변 으뜸 공신인 이귀(李貴)는 임금의 심중을 헤아리고, 관료들이나 유생들이 반대할 것이 명약관화한데도 임금의 생부, 생모를 임금과 왕후로 격상시키는 추숭(追崇) 문제를 자신하고 공론화했다.

9월 내내 추숭 문제를 거론하더니 10월 28일에는 임금의 생부, 생모를 '종묘에 모셔야 한다.'고 했다.

하나 추숭론이 한창 뜨거운 감자로 등장할 때 또 다시 비보가 날아들었다.

11월 16일 진하사(進賀使)로 북경에 간 62세 경주 이씨 이흘(李忔)이 그만 북경에서 병사했다고 했다.

동지사 윤안국과 같이 배를 타고 가다 풍랑을 만나 윤안국은 익사하고, 혼자서 하표(賀表)와 변무주문(辨誣奏文)을 전달한 뒤 옥하관(玉河館)에서 쓸쓸히 유명을 달리했다.

11월 29일 가도의 유흥치는 염치 좋게도 다시 군량과 전마를 요구했다.

12월 8일 이귀는 또 다시 추숭을 강력히 주장했다.

12월 11일엔 조선왕국 사정을 가도에 일일이 알려주는 명나라 사람들을 모두 색출하여 명나라로 압송하게 했다.

12월 1일 평안 감사 민성휘(閔聖徽)가 제안한 일이 열흘 뒤에 시행된 것이다.

12월 22일 영의정 오윤겸(吳允謙)이 관료들의 중론을 모아 추숭에 반대하며 사임하기를 청했다.

바야흐로 이귀가 공론화한 추숭론이 새해 정국의 소용돌이를 예고한 채 서서히 수면 위로 떠오르고 있었다.

신미년(1631년) 한 해는 추숭론이 지배하게 될 것이라는 사실을 누구나 알고 있었다.

정월 28일 대사헌 장유가 추숭에 반대했다.

2월 4일 임금은 이성구를 대사헌에 임명했다.

3월 5일엔 후금 황태극이 조선이 보낸 예물을 돌려보내더니 3월 21일에는 가도에서 또 한 차례 소동이 벌어졌다.

가도 총병 유흥치(劉興治)가 후금에 투항하려 하자 부총(副摠) 심세괴(沈世魁)와 장도(張濤) 등이 유흥치를 살해한 것이다.

3월 27일 후금의 용골대(龍骨大)는 군사를 이끌고 압록강에 출병했다.

사람들은 3월 7일 태조대왕의 영정을 모신 경주의 집경전(集慶殿)이 불타자 '올 한 해도 분명히 살기 힘든 해가 될 것'이라고 했었다.

3월 28일 나는 집경전 화재와 가도 반란 사실을 접하고 아픈 몸을 박차고 일어나 서둘러 입궐했다.

나라가 다시 벼랑 끝으로 내달리는 것 같아 병치레나 하며 시일을 보낼 수 없었다.

4월 들어서는 자주 입궐하여 임금에게 민심 수습책과 위기 타개책을 조언했다.

무엇보다도 초미의 관심사로 떠오른 추숭 문제를 거론했다.

함께 일하던 원로들이 일제히 반대하니 견책만은 제발 먼저 받게 해달라고 했다.

임금이 어떤 반대가 있더라고 기필코 추진하고야 말 것을 누구보다도 잘 알고 있었기에 아예 견책을 먼저 자청한 것이다.

임금은 내가 한사코 녹봉 받기를 거절하자 아예 창고 관리를 시켜 지난 것들까지 몽땅 실어 보냈다.

내가 벌 받기를 자청하자 여기저기서 벌 받기를 자청하며 임금의 뜻을 거슬렀으니 차라리 물러나게 해 달라고 했다.

임금은 '제발 번거롭게 하지 말아 달라.'고 딱 잘라 말했다.

5월 19일 임금은 세자 책봉 주청은 일단 멈추고 추숭하는 일에 전념하겠다고 선언했다.

후금 용골대는 아예 의주에 머물며 닥치는 대로 약탈을 일삼았다.

순천에서는 흰 까마귀가 날아왔다고 했다.

4개월 이상 가뭄이 계속되자 남대문을 닫고 시장도 옮기게 했다.

경상도 곳곳에서는 지진이 났다.

관료들, 유생들이 하나 같이 추숭을 반대하자 임금은 '명나라에 물어본 후 처분을 기다리자.'고 했다.

응교 이원행은 격렬한 어조로 추숭을 반대하여 삭탈관작되고 유배 되었다. 영의정 오윤겸, 좌의정 김류, 우의정 이정구가 나서서 적극 구명했지만 소용없었다.

강원도 등지에서는 5월 서리로 벼농사를 망치게 됐다고 했다.

6월 10일 내가 금천에서 출발하여 입궐하자 임금은 쌀, 콩, 반찬거리를 하사했다.

자연재해가 극심한 때라 다들 농사 걱정이 태산인데 임금으로부터 선물을 받으니 하는 일 없이 먹기만 하는 것 같아 여간 부끄럽지 않았다.

나는 '곡식 한 톨이라도 절대 버려서는 안 된다.'며 늘 농사짓는 백성을 생각하라고 하던 선조 임금을 떠올렸다.

뭐든 지나놓고 나면 아쉽고 후회스러운 법이지만 선조 임금에 대한 나의 그리움은 이상하게도 나이가 들수록 더 깊어지고 진해진다.

그래서 성현들은 임금과 신하 사이, 임금과 백성 사이를 부모 자식 사이, 하늘과 땅 사이로 가르쳤던 모양이다.

나라가 대체 어디로 가는지…

절로 한숨이 터져 나왔다.

6월 11일 후금 사신 중남(仲男) 일행이 한성에 들어오자 먼저 와 있던 명나라 사신은 서둘러 한강으로 피신했다.

힘이 세지는 후금은 완전 배짱, 공갈협박이고 기울어가는 명나라는 이제 조선왕국 앞에서마저도 체면, 체통을 구기게 된 것이다.

그래도 명나라는 후금과의 전쟁에 쓸 조총과 구리를 요구했고, 후금은 툭 하면 온갖 트집을 잡으며 강탈해 갔다.

6월 18일 임금은 내게 '나라가 너무 어려우니 좋은 의견 좀 내놓으라.'고 했다.

가뭄, 우박, 서리, 지진, 병충해로 농사를 완전히 망친 데다 인심마저 나날이 흉흉해지고 있다며 '임금이 덕이 없어 하늘이 백성을 벌하는 것'이라고 했다.

36세 임금과 84세 원로 대신이 마주 앉아 후금과 명나라 사이에 쐐기처럼 찔려 있는 나라의 운명, 백성의 형편을 놓고 그저 서로 뒤질세라 한숨만 쉬고 또 쉬었다.

"이럴 때일수록 임금이 중심을 잡아야 합니다. 급하게 서둘러야 할 일은 미룬 채 안 해도 될 일을 서두르거나 더디 해도 될 일을 너무 급하게 몰아치면 가뜩이나 휜 허리가 당장 두 동강나게 될 것입니다. 후금과 명나라 사이에 놓인 가도(椵島) 문제가 가장 시급한 현안입니다. 경오년(1630년) 4월 19일 가도 수장 유흥치(劉興治)가 그 동안의 은혜를 잊고 우리 백성을 약탈한 적이 있었습니다. 그 때 조기에 강력히 대응한 결과 2개월여 만에 스스로 물러나게 했지 않습니까? 금년 3월 21일 결국 후금에 투항하려던 유흥치가 장도(張濤), 심세괴(沈世魁)에게 살해되었습니다. 명 황제는 유흥치가 살해된 것도 모른 채 5월 2일 유흥치에게 하사품을 보냈다고 합니다. 이미 가도는 허공에 뜬 상태라고 보아야 합니다. 가도의 변란이 있을 때마다 명나라는 명나라대로 끼어들고 후금은 호재가 생겼다 하여 즉시 군사를 출병시키고 있습니다. 바로 가도가 화약고라는 뜻입니다. 앞으로도 문제가 생기면 명나라나 후금이 끼어들 명분을 주지 말고 즉시 강력히 대응하여 간섭할 빌미를 주지 말아야 합니다. 하나 문제는 명나라를 상국으로 삼던 그 긴 역사를 무슨 수로 바꾸고 발호의 단계를 넘어 이제 군림의 단계로 접어드는 후금의 저 오만한 자세에 적응해 나가느냐는 것입니다. 저 후금이 300년 만에 천하통일하고도 겨우 37년 만에 망한 수(隋)나라가 될지 아니면 수백 년 이어지는 공고한 왕조가 될지 모르는 일이지만, 일단은 망해가는 명나라를 대신하여 대륙의 상국으로 등장할 날이 머지않았다고 보아야 합니다. 가도를 통해 후금을 요리하는 방법을 빨리 터득해야 합니다. 지금처럼 우는 아이 젖 주는 식으로 못이긴 척 하며 물자나 건네주는 식으로는 곤란합니다. 목줄을 움켜쥘 호재가 많은데다 엄연히 조선의 영토이니 이제부터는 더욱 단호하게 대해야 합니다."

임금은 내 의견에 전적으로 찬성했다.

유흥치 대신 새로 부임한 황룡(黃龍)의 일거수일투족을 살피도록 신임 평안 감사 이완(李浣)에게 특명을 내려놓은 상태라고 했다.

유흥치를 죽이고 세를 늘린 무리가 언제 다시 준동할지 모른다고도 했다.

임금은 '한 번 모반한 자는 또 다시 모반하기 마련'이라고 했다.

나는 권좌에 오른 지 이미 8년이니 모든 걸 잘 파악하고 있다고 느꼈다.

관료들이 다 난색을 표하는데도 29세 이완을 그것도 가장 중요한 시기에 핵심 요충지 수장으로 보냈다는 것부터가 뭔가 달라 보였다.

나는 이완의 아버지 이수일(李守一)과 깊은 인연이 있는 터라 29세에 평안 감사로 나가는 이완을 바라보는 감회가 남들과 많이 달랐다.

나보다 7년 연하인데 정유년(1597년) 왜적의 재침 때 도체찰사인 내가 그의 역량을 높이 사 성주 목사로 발탁했었다.

이수일 또한 20여 년 전에 평안 병사로 있었다.

감사로 부임하는 아들에게 이런저런 좋은 조언을 많이 해주었을 것이다.

가도의 변란을 구실로 의주에 주둔했던 후금군은 6월 하순부터 철수하기 시작하여 7월 2일 완전 철수했다.

나는 7월 4일 '후금군 철병 이후의 대책'에 대해 나름대로 소상히 의견을 적어 전달하고 이튿날 금천으로 내려왔다.

앞을 내다볼 수는 없지만 그래도 하늘은 언제나 무슨 일이든 미리 조짐을 보이고 경고를 하여 준비하는 지혜를 발휘하게 하는 편이니, 무슨 일이나 일단 대비할 여유는 있는 셈이다.

성현이 말한 온고지신(溫故知新)이 바로 앞일에 대비하는 지혜의 근본이다.

 이미 여러 차례 겪고도 그 속에서 앞일을 대비하는 지혜를 못 얻는다면 하늘인들 무슨 뾰족한 수가 있겠는가!

 7년 왜란을 겪은 지가 얼마나 지났다고 벌써 모든 걸 잊을 수 있는가!

 정묘년(1627년) 호란을 겪은 지가 겨우 4년여 인데 벌써 모든 걸 잊었다면 천지신명인들 어떻게 돕겠는가!

 수없이 다친 늙은 호랑이가 앳된 호랑이의 맹렬한 기세를 이기듯이 전쟁의 참화를 겪을수록 더 단단해져야 할 것이다.

 9월 27일 이귀는 또 다시 추숭 문제를 들고 나왔다.

 10월 들어서서는 아예 추숭 반대파들을 탐관오리로 공격하기 시작했다.

 홍서봉(洪瑞鳳)을 '매관매직한 혐의'로 공격했다.

 지난 해 10월 12일 홍서봉의 노모를 위해 임금이 특별히 장수를 기리는 잔치를 예전 병조가 있던 곳에서 열어준 적이 있을 정도로 공인된 총신인데, 이귀가 느닷없이 탐관오리로 공격하고 나선 것이다.

 59세에 대표적 공신인 이귀에게 참소를 당한 홍서봉은 즉시 사직서를 냈다.

 추숭 문제가 이제는 인신공격과 파벌 싸움으로 이어질 참이었다.

 병인년(1626년) 정월 14일 생모가 별세하자 임금이 3년상을 입겠다고 고집을 피울 때부터 추숭 문제가 어떤 파란을 일으킬지 짐작하고도 남았다.

11월 4일 우려했던 일이 다시 터졌다.

새로 부임한 가도 수령 황룡이 일을 제대로 못하다 보니 다시 내부 반란이 일어난 것이다.

전임자 유흥치는 전횡을 일삼으며 후금과 내통하여 부하들 손에 죽었는데 신임자 황룡은 탐욕이 지나치다고 부하들이 결박하여 가둬 버린 것이다.

임금은 예상대로 강공으로 나갔다.

11월 28일 '황룡을 원상회복시키지 않으면 철저히 죄인을 색출하여 엄벌하겠다.'는 경고장을 보냈다.

'반란의 괴수를 처단하면 큰 상을 주겠다.'는 약속도 곁들였다.

황룡을 결박하여 하옥했던 경중유(耿仲裕) 등이 처형되고 황룡은 풀려나 다시 수장이 되었다.

윤 11월 22일 후금 황태극은 가도의 일을 중점적으로 거론하며 여러 요구사항을 적어 일종의 경고장을 보내 왔다.

조선인들이 국경을 침범하여 피해를 입힌다는 것이었다.

윤 11월 24일 국경을 넘어 산삼을 캐러 갔던 안덕간, 김태수가 처형되었다.

12월 19일에는 가도에 물자 대준 일을 후금에 알려준 철산 아전 이계립을 효수했다.

12월 4일 나는 중추부 영사에서 물러나게 해 달라고 사직서를 냈다.

물론 임금은 이번에도 불허했다.

12월 17일 임금은 마침내 오래 끌어오던 추숭 문제를 매듭지으려 했다.

추숭 일을 게을리 했다며 승지들을 교체했다.

그래도 예조에서는 추숭에 반대했다.

곧 이어 영의정 윤방이 추숭에 반대했다.

경상도 일원에서는 지진이 잦았는데도 나라는 추숭 일로 다시 뜨거워지고 있었다.

신미년(1631년)에도 큰 별이 둘이나 졌다.

4월 18일에는 약봉(藥峯) 서성(徐渻)이 73세를 일기로 생애를 마치고, 7월 9일에는 사계(沙溪) 김장생(金長生)이 83세 천수를 누리고 별세했다.

둘 다 구봉(龜峯) 송익필, 율곡(栗谷) 이이의 제자들이다.

대구 서씨 서성은 임진년(1592년) 34세 때 일생일대의 위기를 만났지만 기지를 발휘하여 용케 모면했다.

선조 임금을 호종하다 갑자기 임해군, 순화군을 호위하여 함경도로 가게 되었는데 역적 국경인(鞠景仁)의 반란으로 두 왕자와 함께 왜적에게 붙잡혔다. 하나 그는 가등청정에게 끌려가던 중에 간신히 탈출에 성공했다.

광해군 때는 도리를 지키려던 관료들이 다 그랬듯이 그도 11년 동안 귀양살이해야 했다.

그는 학문 연구를 워낙 좋아해 주역에도 정통하고 서화에도 뛰어났다.

그는 왜란 때 임금의 교서를 주로 쓴 연안 이씨 이호민(李好閔), 아들 이

중로(李重老)를 이괄의 난 때 먼저 보낸 청해 이씨 이인기(李麟奇), 계해정변의 으뜸 공신 이귀와 특히 가까이 지내며 남지기로회(南池耆老會)를 만들기도 했다.

관료로서보다도 오히려 대학자로 추앙 받은 광산 김씨 김장생은 왜란 때는 주로 군량 조달에 동분서주했다.

그는 난리가 끝난 뒤에는 불러도 나오지 않고 오로지 학문 연구와 제자 양성에만 매달렸다.

그는 자신의 가산을 털어 이이, 성혼을 제향하는 황산서원(黃山書院)을 충청도 강경에 세우기도 했다.

그는 학문과 제자 양성에 열중하다가도 정묘년(1627년) 후금이 침략하자 의병을 모집하여 공주로 피난 온 세자를 호위했다.

그는 계해정변으로 광해군 시대가 끝나고 새 시대가 열리자 같은 이이의 제자인 공신 이귀를 통해 정국을 안정시키고 민심을 수습하는 정책을 많이 조언하여 새롭게 들어선 정권이 조기에 안정되게 했다.

그는 특히 스승인 송익필이 말년에 정처 없이 유랑해야 했던 것을 가슴 아프게 여겨 같은 문하생인 서성, 정엽 등과 신원 상소를 올렸다.

스승 이이를 기려 2만여 자에 육박하는 이이의 행장을 짓고 이이가 시작한 〈소학집주〉를 이이의 사후 17년 만에 완성하기도 했다.

부친을 닮아 공직보다는 학문 연구를 더 좋아하는 아들 김집(金集)이 전국 유생들의 흠모를 받고 있으니 그야 말로 좋은 의미의 부전자전(父傳子傳)이다.

임신년(1632년) 새해에도 임금은 '장수를 바란다.'며 쌀과 고기를 하사했다.

수명이야 어차피 하늘에 달린 일이니 마음대로 할 수 없지만 그래도 번번이 받기만 하니 차라리 벌을 받는 게 낫겠다는 생각이 들 정도였다.

먹을 게 생길 때마다 난리 만난 백성들의 귀신같은 모습이 눈 앞에 어른거려 목구멍을 콱콱 틀어막고 속을 있는 대로 뒤집어 놓았다.

사람을 잡아먹는 걸 직접 본 적은 없지만 고을 수령들을 만나거나 고을 유생들을 만날 때마다 흔히 듣게 되는 말이 바로 인육(人肉) 먹는 이야기였다.

너무 굶어 미치게 되면 제 아기인 줄 모른 채 닭 잡듯이 잡거나 우물에 빠진 돼지새끼 삶듯이 삶게 된다는 것이었다.

듣기만 해도 너무 끔찍하지만 7년 왜란 중에는 어디를 가나 그런 이야기가 파다했다.

나 또한 난리를 겪으며 정신이 반은 나간 채 동분서주했기 때문에, 인육 먹는 이야기가 나와도 그리 놀랍지 않았었다.

하지만 난리가 끝난 뒤에는 전쟁터에서 겪은 참담한 일들, 난리 만나 피난 다니는 백성들을 보며 지녔던 복잡한 감정들, 난리 뒷수습을 하며 맡은 그 끔찍한 악취들이 시도 때도 없이 눈 앞에 어른거리고 머릿속을 휘젓고 속을 홀랑 뒤집어 혼백이 다 달아날 지경이었다.

왜란 끝난 지 30년이 넘었는데도 비참한 장면과 지독한 악취와 혼을 쏙 빼는 비명과 신음은 마치 어제 일인 듯 너무도 생생하기만 하다.

나는 그래서 언제부터인가 낫, 작두, 쇠스랑, 호미, 괭이, 쇠못, 쇠망치 등 일단 쇠가 붙은 것, 쇠로 만들어진 것만 보면 저절로 몸서리가 쳐진다.

칼부림 속에서 들리던 그 기괴한 쇳소리와 화살 날아가는 소리, 그리고 조총과 대포 소리까지 한데 모여 나를 향해 정통으로 달려드는 통에 되도록 피하기 일쑤다.

심지어는 숟갈 젓가락이나 놋그릇까지도 종종 섬뜩한 생각을 불러일으킨다.

1월 2일 모든 직함을 떼어달라고 했지만 허락받지 못했다.

2월 13일에는 영의정 윤방, 좌의정 이정구, 우의정 김상용 등 3정승이 모두 추숭을 반대했다.

2월 17일 사헌부 집의(종3품) 40세 연일 정씨 정홍명(鄭弘溟)은 임금이 추숭 반대자들을 질책하는 것은 분명 잘못된 일이라고 했다.

우의정을 지내며 서인 정권의 핵심이었던 정철(鄭澈)은 정홍명의 생부이고 왜란 때 포로로 잡혀가 왜국에 유학을 전수한 진주 강씨 강항(姜沆)은 그의 외조부다.

부친과 외조부의 학통을 이어받았는지 정홍명은 자기보다 18년이나 연상인 스승 김장생의 아들 김집(金集)으로부터 '나라의 스승'(國師)으로 불렸다.

2월 24일 임금은 빗발치는 반대에도 불구하고 추숭 도감을 설치하게 하고 병중인 영의정 윤방을 대신하여 우의정 김상용을 도제조로 삼았다.

3월 21일 영의정 윤방은 추숭 논의로 처벌된 이들을 용서해 달라고 했다.

3월 28일 명나라에 보낼 추숭 주청사로 47세 풍산 홍씨 홍보(洪靌), 61세 덕수 이씨 이안눌(李安訥)을 정했다.

5월 11일 추숭 일 맡았던 집사, 도감 등 도제조 이하를 표창했다.

6월 23일 추숭을 반대한 전 이조좌랑 49세 남원 윤씨 윤계(尹棨) 등을 용서했다.

6월 28일 선조 임금의 계비이자 영창대군의 생모인 대왕대비 연안 김씨가 48세를 일기로 한 많은 일생을 마쳤다. 여염집 아낙네로 살았더라면 그 많은 참화를 안 당해도 됐을 텐데 어쩌나 임금의 왕후가 되어 참으로 기구한 일생을 보냈다.

7월 12일 평안도 청천강 제방을 쌓던 병사들 중 27명이 익사했다.

난리가 나서 싸우다 죽는 거야 당연하지만 물난리에 죽게 되어 너무도 애석했다.

후금의 정묘년(1627년) 침략 이후 청천강 이북은 거의 무주공산에 가까울 정도로 혼란스럽다고 하던데 병사들마저 떼죽음을 당하게 되어 서북쪽 인심이 더욱더 흉흉해질 것 같다.

6월 하순 산동 등주의 명나라 제독 공유덕(孔有德), 경중명(耿仲明) 등이 후금과 내응하며 반란을 일으켰다.

7월 하순 가도의 수장 도독 황룡(黃龍)이 등주의 반란군 평정을 위해 여순으로 향했다.

명나라가 대륙의 주인에서 서서히 밀려나다 보니 바로 코 밑에서 반란이 일어난 것이다.

그 많던 병사들은 다 어디로 갔기에 가도에 무단히 들어와 있는 장수와 병사들까지 본토의 반란군 진압에 급히 동원한 것인지…

양식이 다 떨어질 때 으레 들리기 마련인 밑바닥 긁는 소리가 명나라 곳곳에서 들리는 듯하다.

10월 30일 평안 감사 50세 여흥 민씨 민성휘(閔聖徽)는 후금 사신들이 '명나라 사신들과 똑같이 대우해 달라.'고 했다고 보고했다.

정묘년(1627년) 강화 때 맺은 '형제의 맹(盟)'을 5년 만에 '군신의 의(義)'로 고치자는 말을 공공연히 하더니 급기야 '대접 똑바로 하라.'며 오가는 사신들마저 호가호위(狐假虎威)하고 있는 것이다.

11월 6일 후금 사신 소도리(所道里)가 영접에 불만을 표했다.

11월 8일 동지사로 명나라 다녀온 55세 청풍 김씨 김시국(金蓍國)이 명 황제로부터 칙서와 은을 받아 왔으니 '내년(1633년)에 사은사 보내자.'고 했다.

11월 20일 후금 사신 소도리가 호통을 치고는 거들먹거리며 돌아갔다.

12월 7일 부원수 56세 광주 정씨 정충신(鄭忠信)은 '후금 사신 소도리가 무엄하게도 국왕의 하사품을 내팽개치듯 놓고 갔다.'고 보고했다.

12월 15일 가도(椵島)의 명 부총(副摠) 심세괴(沈世魁)가 산동 석도에 들어가 유격 장괴(張魁)를 잡아갔다.

12월 24일 후금 황태극의 친서를 부원수 정충신이 전달했다.

임금은 10월 27일 창덕궁 수리로 이현궁으로 옮겼다가 11월 9일 다시 창덕궁으로 옮겼다.

12월 25일 좌의정 이정구는 19차례 사직서를 낸 뒤 허락을 받아 물러났다.

나는 3월 26일 사임 요청에 이어 6월 26일에는 자전이 위독하다 하여 입궐하고, 8월 30일에는 임금이 병환 중이라 문안 차 입궐했다. 7월 4일, 9월 18일, 9월 21일에는 연거푸 귀향을 요청했다. 11월 11일에는 임금이 불러도 병중이라 입궐 못하고 12월 4일에 입궐하여 다시 사임을 요청했다. 임금은 만날 때마다 양식 걱정, 옷 걱정을 하며 뭐든 보내주려 했다.

계유년(1633년) 새해 벽두부터 변방이 시끄러웠다.

가도에 들어가려던 군량선이 막혀 섬 주민들이 아사직전이라고 했다.

1월 25일 회답사로 후금의 수도 심양에 갔던 48세 고령 신씨 신득연(申得淵)은 국왕의 예물은 못 전한 채 황태극의 친서만 갖고 왔다.

1월 30일 39세 평택 임씨 임경업(林慶業)이 청북방어사에 임명되었다.

2월 3일 추숭 반대로 귀양 갔던 계해정변 공신 62세 순천 김씨 김류(金瑬)는 좌의정으로 돌아오고, 정철(鄭澈)의 아들 41세 연일 정씨 정홍명(鄭弘

澳)은 성균관 대사성으로 돌아왔다.

2월 15일 계해정변의 으뜸 공신인 연안 이씨 이귀가 76세를 일기로 파란 많은 생애를 마쳤다.

율곡 이이, 우계 성혼의 제자라 나와도 특별한 교감이 있었다.

66세에 계해정변을 성공리에 끝내 명실상부한 권신으로 군림하여 광해군 이후의 새 왕조를 튼튼히 자리 잡게 했다.

사관, 승지를 따돌린 채 임금을 독대하여 공격을 받기도 했다.

'연평부원군(延平府院君) 이귀(李貴)는 임금이 임명하지 않고 스스로 알아서 원하는 자리에 간다.'는 말을 듣기도 했다.

임금이 생부, 생모를 임금과 왕후로 추숭하려는 일을 거의 혼자서 전담하다시피 하여 결국 매듭을 짓고, 권불십년(權不十年)이란 말에 딱 들어맞게 10년 권세를 마감했다. 임금은 5월 13일 고인이 된 이귀의 녹봉을 3년 동안 계속 지급하라고 지시했다.

2월 20일 계해정변의 일등 공신인 45세 안동 김씨 김자점(金自點)이 부원수 윤숙(尹璛)과 함께 도원수로 나가며 인사를 하자 임금은 어의(御醫)를 동반시켰다.

2월 24일 사간원은 임금이 침 맞을 때 승지, 사관을 대동하지 않은 것은 잘못이라고 비판했다.

4월 12일 추숭 주청사로 명나라에 갔던 홍보, 이안눌이 평안도 증산(甑山)에 도착하여 보고했다.

4월 20일 추숭이 명나라의 허락을 받자 경사라며 증광별시를 시행하도록 했다. 예조는 명 황제에게 감사를 표하는 사은사를 보내자고 했다. 임금의 생부 정원군은 원종(元宗), 생모 계운궁 능성 구씨는 인헌왕후(仁獻王后), 친형은 능원대군, 친동생은 능창대군에 봉해지고 생부, 생모의 묘소인 김포 흥경원(興慶園)은 장릉(章陵)으로 고쳐지게 되었다.

  5월 28일 임금은 추숭 일로 미뤄두었던 세자책봉 문제를 거론하며 50세 청주 한씨 한인급(韓仁及) 등을 책봉 주청사로 명나라에 파견하겠다고 했다.

  10월 23일 세자책봉 주청사로 북경을 다녀온 한인급 등이 등주 반란군 공유덕, 경중명에 대해 명 조정에 보고한 일을 설명했다.

  4월 19일 산동 등주에서 반란을 일으킨 공유덕, 경중명을 붙잡으러 출병한 명나라 도독 오안방(吳安邦)이 평안도 용천 미곶(彌串)에 이르러 군량을 요청하자 3천 석을 주었다. 공유덕, 경중명 등이 주문욱(周文郁)의 저지를 뚫고 압록강으로 진입하는데 성공하자, 오안방과 도증령(陶曾齡)이 수군을 이끌고 각각 등주(登州)와 천진(天津)으로부터 합류하여 용천에 이른 것이다.

  4월 22일 공유덕, 경중명 등 반란군이 후금과 본격적으로 연합하자 오안방, 도증령 등은 가도로 들어갔다.

  4월 28일 후금의 용골대 일행이 한성에 도착하여 5월 1일 임금을 만나고 5월 3일 떠났다. 명나라 도독 주문욱이 반란군 진압에 협조하라는 뜻을 문서로 전달했다.

5월 11일 임금은 추숭 주청사로 북경을 다녀온 48세 풍산 홍씨 홍보(洪霙), 62세 덕수 이씨 이안눌(李安訥) 일행을 만나 명나라 실정을 문의했다.

5월 18일 우의정 72세 안동 김씨 김상용(金尙容)은 29번째 사직서를 올려 결국 허락받고 물러났다.

7월 24일 영의정 70세 해평 윤씨 윤방(尹昉)은 경상도의 가뭄, 전라도와 평안도의 대홍수, 충청도와 경기도의 지진 등 재해가 끊이지 않으니 공사를 중지하고 언로를 개방하고 형옥(刑獄)을 신중히 할 것을 주문했다.

7월 25일 임금은 창경궁이 7월 11일 수리 되자 창덕궁에서 다시 옮겼다.

1633년 4월, 산동(山東) 등주(登州)에 주둔했던 명나라 수군 도독 공유덕과 경중명이 수군 함정 수십 척을 이끌고 후금에 투항하자, 후금은 주력인 철기병(鐵騎兵)에 수군의 홍이포(紅夷砲)를 곁들이게 되었다.

이로써 후금은 해로를 통해 명나라를 공격할 수 있게 되고 또한 조선왕국이 강화도나 남한산성으로 들어가 저항하더라도 손쉽게 제압할 수 있게 되었다.

4월 28일 후금은 용골대(龍骨大) 등을 보내 '조선왕국이 그 동안 가도를 점거한 명나라 군대에 군량 등 각종 군수품을 공급해 주었으니 공유덕과 경중명 등이 후금에 투항한 이후에도 마땅히 군량 등 필요 물자를 공급해 줘야 한다.'고 강요했다.

심양에서 운송해 오는 것보다 조선왕국에 손을 내미는 것이 훨씬 더 편리했기 때문이다.

조선은 공유덕과 경중명의 투항을 저지하기 위해 달려온 주문욱(周文郁) 일행으로부터 이미 군량을 요청 받은 상태였다.

조선은 '투항한 명장(明將)들은 유흥치(劉興治)와 함께 조선을 침략하려 했던 원수'임을 내세워 거절했다.

조선은 이미 주문욱 등에게 군량을 주기로 약속한데다 임경업 등을 명나라에 보내 공유덕, 경중명과 합세한 후금군과 전투까지 치른 뒤였다.

5월 6일 명 황제 숭정제(崇禎帝)는 임금의 생부 정원군은 원종(元宗)으로, 생모 계운궁 구씨는 인헌왕후(仁獻王后)로 추봉하는 것을 허락한다는 칙서를 보내왔다.

관료들의 반대에도 불구하고 임금의 의지 하나로 추진했던 일이 매듭 져졌기에 명나라의 요청이 우선적일 수밖에 없었다.

6월, 후금의 황태극은 공유덕을 도원수(都元帥), 경중명을 총병관(總兵官)으로 임명한 뒤 악탁(岳託) 등과 함께 여순을 함락하게 했다.

자연히 명나라는 물론이고 조선왕국이나 가도에 주둔 중인 명의 부총병 심세괴(沈世魁) 등은 긴장하지 않을 수 없었다.

8월 5일 공유덕 등이 가도 총병 황룡(黃龍)을 살해하자, 부총 심세괴는 가도를 포기하려다 주민들이 만류하여 그만두었다.

8월 10일 후금군이 가도에 정박 중인 공유덕, 경중명의 잔류 병선들을 불태우고 갔다.

8월 16일 후금 황태극은 국서를 보내 '가도를 차지하는 일이 쉽지만 조선이 불안에 떨까 봐 안하고 있으니 앞으로는 가도의 명군에 군량을 공급하지 말 것'을 통고했다.

조선이 후금과 연합하여 명나라를 칠지 모른다고 우려한 명 조정은 10월 가도의 부총 정룡(程龍)을 보내 '여순이 함락됐다고 두 마음을 품어서는 안 된다.'는 식으로 미리 쐐기를 박는 한편 가도의 명군에게 군량을 계속 공급할 것을 강요했다.

10월 27일 명의 부총(副摠) 정룡(程龍) 일행이 등주에서 바다를 건너 도착하자 56세 영산 신씨 신계영(辛啓榮)을 접반사로 내보냈다.

11월 7일 임금은 부총 정룡을 접견했다.

11월 12일 평안 감사 계해정변 공신 장신(張紳)에게 그 동안 가도에 지급한 군량 수량을 조사하여 보고하게 했다.

정묘년(1627년) 초의 후금 침략 때 눈부신 전공을 세운 이광립(李光立)은 계유년(1633년) 4월 공유덕, 경중명의 반란 때 황해도, 평안도의 수군을 총지휘하여 명나라 수군과 연합작전을 펼쳤다.

갑자년(1624년) 이괄의 난 때 30세 청년 장수로서 정충신(鄭忠信) 휘하에서 큰 공을 세우고 진무원종공신(振武原從功臣) 1등과 가선대부(嘉善大夫)에 오른 임경업(林慶業)은 계유년(1633년) 4월 마침 청북방어사 겸 안변 부사로 있었다.

공유덕, 경중명이 우가장(牛家莊) 앞바다를 경유하여 의주 건너편 구련성(九連城)으로 들어가 후금군과 내통하려 하자, 의주 부윤 윤진경(尹進卿)과 함께 명 대도독 주문욱에게 연락하여 조명연합군으로 공격했다.

하나 명 장수들 사이의 갈등과 혼선으로 공유덕, 경중명을 생포하여 후환을 없애지는 못했다.

명 황제 숭정제는 39세 평택 임씨 임경업에게 금화(金花) 등 많은 상을 내리고 총병(摠兵)으로 올려 주었다.

이후 임경업에게는 임총병(林摠兵)이라는 칭호가 붙어 다니게 되었다.

조선왕국은 명의 반란군 공유덕, 경중명 등이 후금과 내통하려 한다는 사실을 4월 11일 도원수 김자점 등으로부터 들었다.

10월 23일 주청사 한인급(韓仁及) 등이 공유덕, 경중명의 일을 명나라에 설명하고 돌아와 보고했다.

11월 6일 접반사 신계영(辛啓榮)이 공유덕, 경중명의 일에 대한 명 부총 정룡(程龍)의 말을 보고했다.

12월 28일 명 도독 심세괴의 접반사 41세 동래 정씨 정지우(鄭之羽)가 공유덕, 경중명 등에 대한 소문을 보고했다.

나는 병중에도 나라 돌아가는 일이 너무 걱정스러워 잠시 눈을 붙일 때를 빼고는 온 신경을 변방에 집중하고 있었다.

광해군 시대의 난정(亂政)으로 인한 폐해가 다 사라지고 계해정변으로 이룩한 새 터전도 이제 웬만큼 다져졌지만, 그래도 20대 초반 이후 시작한 공직생활에서 자연스레 체질화된 나라 걱정, 민생 걱정은 목숨이 경각에 달린 순간까지도 나를 붙들고 놓아주지 않았다.

돌아보면 '그래도 하늘이 지켜주니 나라나 백성이 온전할 수 있었다.'는 생각뿐이다.

진인사대천명(盡人事待天命)이란 말이 왜 그리 가슴에 와 닿는지…

나라나 백성이나 임금이나 후배 관료들에게 가장 미안한 일은 '과연 내가 그 많은 내우외환 속에서 내 할 일을 다 했는가?'라는 질문에 '그렇다.'고 자신 있게 말할 수 없다는 사실이다.

그리고 더 미안한 일은 임금이나 관료들이나 백성으로부터는 입에 침이 마르도록 칭송을 들었지만, 과연 '주위 친인척들이나 지인들에게 무슨 도움을 주고 어떤 배려를 했는지?' — 임종을 코앞에 둔 순간까지도 '나름대로 할 도리를 다 했다.'라고 선뜻 말할 수 없다는 사실이다.

이인(異人) 조충남은 나를 두고 '소하(蕭何), 장량(張良)의 장점만 갖고 단점을 못 가져 그것이 하나 아쉽다.'고 했는데 '과연 내가 남들에게는 인자하고 스스로에게는 지나치게 엄격했었는지?' — 모든 걸 버려야 할 마지막 순간까지도 결국에는 스스로에게 붙잡혀 전전긍긍하고 있는 셈이다.

난곡(蘭谷) 강서(姜緖)는 '오리(梧里)는 남들이 다 부러워하는 보물을 너무 많이 지녀 스스로에게는 크나큰 짐이 되고 있다.'고 했다. 잠시도 가만히 놓아두지 않는다는 말이었다. 나라가 부르고 임금이 부르고 시대가 부르면 무덤에서라도 벌떡 일어나 부름에 응해야 할 팔자라고 했다. 눈을 감아야만 그 고된 신역(身役)을 벗을 수 있으니 아예 쉴 생각, 그만둘 궁리 하지 말라고 했다.

지퇴당(知退堂) 이정형(李廷馨)은 '태종대왕의 피에 포은 정몽주의 살이 더

해졌으니 죽기 전까지는 임금과 공직을 떠날 수 없을 것'이라고 했다. 내가 태종대왕의 후손인 것과 포은 정몽주의 후손을 아내로 맞은 일을 그런 식으로 빗대서 말했던 것이다. '칡넝쿨처럼 이리저리 휘감고 올라가려 해도 눈을 떠 보면 종묘사직 앞이고 몸을 일으켜 움켜쥐면 영락없이 임금의 곤룡포라서 죽었다 깨나도 공사다망(公私多忙) 중 오로지 공망(公忙) 하나뿐일 것'이라고 했다.

수몽(守夢) 정엽(鄭曄)은 여주 강가에서 말년을 함께 보내며 '오동나무가 이제야 물을 만나 좀 쉬는 듯하다.'며 소리 내어 웃었었다. 내 아호가 금천 오리동에서 따온 오리(梧里)인 것을 알기에 여주 강가에서 모처럼 낚시질도 하고 애들처럼 멱도 감으며 지내게 된 것을 그런 식으로 말한 것이다.

일송(一松) 심희수(沈喜壽)는 '관직으로도 이길 수 없고 수명으로도 이길 수 없으니 두 손 두 발 아예 번쩍 들었다.'며 나만 보면 싱겁게 웃곤 했다. 74세 천수를 누리며 내가 광해군 초에 영의정일 때 좌의정이었으니, 벼슬은 결코 내가 앞섰다고 말할 수 없는데도 그는 나만 보면 '무엇으로 오리(梧里)를 이길까, 항상 그 고민 하나가 유일한 고민거리'라고 했다.

우계(牛溪) 성혼(成渾)은 '인의예지신(仁義禮智信) 중 하나만 갖춰도 군자인데 오리(梧里)는 다섯 가지를 고루 갖췄으니 이미 성현이 된 것'이라고 했다.

율곡(栗谷) 이이(李珥)는 '효(孝)로는 오리(梧里)를 따라잡았는지 모르나 충(忠)으로는 도저히 오리(梧里)를 못 따라잡겠다.'며 늘 돌부처 같은 알 듯 모를 듯한 미소를 지었다.

80 중반을 넘겨 이제 후반으로 접어들다 보니 눈에는 오직 선산의 조

상들 묘소만 어른거리는데도 머릿속 가슴 속에는 온통 먼저 떠난 그리운 얼굴들뿐이다. '그리워할수록 저승에 있는 혼백들이 더 편하게 되지나 않을까?' 해서 ― 틈만 나면 먼저 간 지인들과의 일화들을 떠올리며 숨 쉬듯이 그리워했다. 나뭇잎이 바람에 흔들리듯 그리워하는 마음을 잠시도 쉬지 않았다.

나무는 큰 나무 작은 나무 섞여 있으면 작은 나무가 자랄 수 없지만 사람은 늘 자신보다 더 큰 사람, 더 나은 사람 곁에 있어야 함께 자랄 수 있다는 말이 새삼 진리 중의 진리로 다가온다.

나는 그 많은 좋은 벗들, 고마운 선배들, 훌륭한 스승들, 그리고 청출어람(靑出於藍), 후생가외(後生可畏)의 그 많은 후배들로 인해 80 중반을 넘겨서까지도 임금의 은혜를 입으며 나라의 부름, 시대의 부름에 그나마 제대로 부응할 수 있었다.

갑술년(1634년)을 맞으며 병석에서 이상한 꿈을 꾸었다.

궁궐 안에 쥐떼가 나타나 임금이 말을 타고 한성 밖으로 내말리는 꿈이었다.

곤룡포는 보기 민망할 정도로 남루해 보였다.

나는 사람을 보내 이인(異人) 조충남(趙忠男)을 찾아보게 했다.

아무래도 큰 변고가 있을 것 같은 불안한 생각이 들어 비록 내 한 몸이야 이미 한 발짝 무덤에 들여놓고 사는 처지이지만 뭔가 마지막으로 할 일을 찾아 마저 해 놓아야 편히 눈을 감을 수 있을 것 같았다.

다행히 조충남은 한성에 볼 일이 있어 새해를 성 안에서 보내고 있었다.

동작 나루터에 그가 단골로 드나드는 주막이 있기에 거기를 가면 그의 소식을 쉽게 알 수 있었다.

외상을 진 후 언제나 연말에 와서 갚곤 했으니 사실 그를 찾으려면 새해가 가장 쉬웠던 셈이다.

내가 꿈 이야기를 하기도 전에 그가 먼저 말문을 열었다.

'종묘사직을 위해 평생을 바치고 이제 귀신이 되어서도 종묘사직을 지켜줄 처지라서 임종을 앞둔 때에 그런 꿈을 꾸게 된 것'이라고 했다.

"쥐떼를 만나 임금이 궁궐을 버리고 도성 밖으로 말을 달려 내뺐다니 아주 일목요연한 꿈이로군. 역시 오리 대감에 걸맞은 꿈이야."

"꿈을 꾸면서도 속이 답답하고 꿈을 깨고 나서도 가슴이 답답했는데 분명 무슨 좋지 않은 일이 생길 모양이지?"

"이공도 다 알면서 왜 내게 묻나? 병자년(1636년)에 임금이 피난 가게 된다는 말이지. 도성 밖으로 나가 성채로 들어갔다니 필시 남한산성이겠군."

"아니 그렇다면 정묘년(1627년) 호란에 이어 병자년(1636년)에 또 호란을 맞게 된다는 말인가? 10년 고비로 연거푸 난리를 당하면 나라나 백성이 배겨내겠나?"

"첫 번 호란은 강화다 뭐다 하며 얼렁뚱땅 끝났지만, 병자년 호란은 천양지차일 거야. 장수나 병사가 죽는 거야 흔한 일이지만 임금이 도성 밖으로 내달려 성채로 들어가게 된다면 나라가 완전히 결딴나는 셈이지."

"헤어날 길이 정말 없겠나?"

"어허, 이공은 왜 나 같은 야인(野人)에게 그런 걸 묻나? 나랏일 하면 바로 이공의 본업이고 천직인데 아무려면 내가 이공보다 더 잘 알겠나?"

"나야 그저 땅만 바라보며 살았지만 친구는 산도 보고 물도 보고 하늘도 보며 남이 못 보는 것을 보며 살지 않았나? 그러니 너무 숨기지만 말고 어디 속 시원히 털어놔 보게나."

조충남은 술잔을 기울이며 잠시 생각에 잠기더니 다시 말을 이었다.

"조선에서는 오랑캐라고 손가락질하며 아예 등을 돌리지만 하늘은 이미 그 오랑캐 손에 천하를 맡겼어. 머지않아 대륙을 다 차지한 뒤 오랑캐 냄새 나는 후금이란 국명을 버리고 진, 한, 수, 당, 원, 명처럼 그럴듯한 국명을 지니게 될 거야. 하늘과 연관 지어 하늘 빛깔을 상징하는 국명을 지니게 되겠지. 하여튼 오랑캐라는 자취를 없애기 위해서라도 대륙 통일이 거의 끝나는 병자년(1636년)에 천자 대접, 천자의 상국 대우를 강요하려 들 거야."

"정묘년(1627년)에 형제 운운하며 끝났는데 그렇다면 임신년(1632년) 이후 슬금슬금 내놓던 군신(君臣)의 예(禮)를 강요하게 되겠군."

임금은 1월 3일 내게 승지를 보내 쾌유를 빌었다. 중추부 영사 직을 그냥 달고 있는지라 승지나 임금은 꼬박꼬박 나를 영부사(領府事)로 불렀다. 임금이 보내준 쌀과 고기마저도 이제는 전혀 눈길이 가지 않는다.

보름날 휘영청 밝은 달을 보며 좋은 벗, 고마운 벗 이인 조충남과 나눈 '병자년 호란'을 놓고 조용히 하늘에 빌고 또 빌었다.

무엇보다도 임금의 공명정대한 판단을 빌었다.

그리고 관료들의 정금(正金) 같은 지혜와 용호(龍虎) 같은 용기를 빌었다.

난리 겪을 백성을 생각하니 눈물이 앞을 가리고 목이 메어 도저히 억제하기 힘들었다.

"하늘이여, 천지신명이여! 하늘이여, 천지신명이여!"

더 이상 말이 안 나와 그저 그 소리만 수백 번 뇌고, 또 뇌었다.

1월 25일부터 기력이 갑자기 떨어지더니 숨 쉬는 것조차도 힘겨워졌다.

나는 식구들을 불러놓고 이미 글로 적어서 남긴 유서를 직접 다시 말했다.

없는 재산이지만 공평히 나눠 갖게 했다. 텅 빈 곳간이지만 거리를 따지지 않고, 형편을 가리지 않고 찾아올 손님 대접에 섭섭함이나 부족함이 없도록 해 달라고 신신당부했다.

그리고 풍수가 불러다 놓고 길지, 흉지 따지며 공연히 소란 피우지 말고 금천 선산의 조상 묘 바로 밑에 묻어 달라고 했다. 후손들도 나를 따라 모두 선산에 묻혀야 비로소 내 후손으로 여겨줄 것이라고 말하며 단단히 다짐도 받았다. 임금의 은혜를 돌아보며 나라 위한 도리를 마지막으로 가르쳤다. 나라가 있고 나도 있고 가문도 있으니 나라가 어려울 때는 모든 걸 다 바쳐야 한다고 가르쳤다. 혹여 공직에 나가면 지위고하를 막론하고 백성이 있고 나라가 있다는 진리를 늘 마음에 새겨두고 지내야 한다고 가르쳤다. 수신제가(修身齊家) 후 입신양명(立身揚名)이니 부디 효성과 우애로 집안을 일으켜야 한다고 당부했다. 무엇보다도 조선왕국의 청백리들이 어떻게 살았는가를 결코 잊어서는 안 된다고 했다. 율곡 이이의 지독한 가난을 다시 말했다.

1월 29일 나는 그 긴 공직생활을 완전히 내려놓고 분에 넘치는 87년 천수를 끝으로 숨을 거뒀다.

정미년(1547년) 10월 24일 신미(辛未) 일에 태어나 갑술년(1634년) 1월 29일 병진(丙辰) 일에 파란만장(波瀾萬丈)한 일생을 마감했다.

21세기 공직자상을 위한 진정한 멘토
조선의 포청천
오리 이원익 대감 하

초판 1쇄 인쇄 2013년 2월 15일
초판 1쇄 발행 2013년 2월 20일

지 은 이   이우각
펴 낸 이   방은순
펴 낸 곳   도서출판 프로방스
북디자인   DesignDidot 디자인디도
마 케 팅   최관호

주   소   경기도 고양시 일산동구 백석2동 1330번지
           브라운스톤일산 102동 913호
전   화   031-925-5366~7
팩   스   031-925-5368
E-mail   Provence70@naver.com
등록번호   제313-제10-1975호
등   록   2009년 6월 9일
I S B N   978-89-89239-74-1 (04810)

값 18,000원
파본은 구입처나 본사에서 교환해드립니다.